KERSTIN PETER

RAUHNÄCHTE

Wirksame Impulse aus der Natur für die
12 magischen Nächte

Schirner
Verlag

Wir verzichten auf das Einschweißen unserer
Bücher – **UNSERER UMWELT ZULIEBE!**

ISBN Printausgabe 978-3-8434-1516-3
ISBN E-Book 978-3-8434-6501-4

Kerstin Peter:
Rauhnächte –
Wirksame Impulse aus der Natur
für die 12 magischen Nächte
© 2022 Schirner Verlag, Darmstadt

Umschlag: Simone Fleck & Anna
Twele, Schirner, unter Verwendung
von #320469791 (© everst),
www.shutterstock.com
Layout: Simone Fleck & Anna Twele,
Schirner
Lektorat: Katja Hiller, Schirner
Printed by: Ren Medien GmbH,
Germany

www.schirner.com

1. Auflage Oktober 2022

Inhalt

Ein paar Worte zum Einstieg

Ich heiße dich herzlich willkommen zu diesem Buch. Für mich ist es ein sehr besonderes Werk, da ich nicht geplant hatte, es zu schreiben. Die Idee dazu kam über meine Verlegerin Heidi Schirner auf mich zu. Dieses schöne Geschenk habe ich sehr dankbar angenommen, mit dem Ergebnis, dass ich mich nun viel intensiver mit dieser mystischen Zeit beschäftigt habe als je zuvor. Auch wenn ich die Rauhnächte jedes Jahr mit kleinen Ritualen zelebriert hatte, so ist durch das Schreiben und das Eintauchen in diese besondere Zeit der Zauber auf mich übergesprungen. Magische Momente durfte ich draußen im Winter erleben. Von Herzen möchte ich meine Erfahrungen und meine Ideen zu den Rauhnächten in der Natur mit dir teilen, in der Hoffnung, dass auch du ihre wandelnden Kräfte erfährst und sie dein Leben bereichern.

Die Rauhnächte sind besonders für die Natur eine magische Zeit, denn alles scheint ganz in Ruhe und in Stille zu sein. Die Tiere halten ihren Winterschlaf, und die Pflanzen sind tief in der Erde verborgen. Mutter Erde ruht sich aus. Doch ab der Wintersonnenwende wird uns und auch der Natur jeden Tag wieder etwas mehr Licht geschenkt. Selbst wenn die Tiere weiterhin ihren Winterschlaf halten und die Pflanzen noch nicht austreiben, ist diese Übergangszeit für alle Lebewesen spürbar.

Bereits unsere Vorfahren nutzten diese Zeit, um zur Ruhe zu kommen und Einkehr zu halten. In vielen Traditionen gibt es die verschiedensten Bräuche und Rituale, und es existieren zahlreiche Bücher, in denen du in den Hintergrund dieser magischen Zeit eintauchen kannst. Mit meinem Buch möchte ich dich einladen, die Magie der Rauhnächte draußen in der Natur zu erfahren. Ich bin fest davon überzeugt, dass uns die Natur die transformierende und visionäre Kraft der Rauhnächte noch eindrücklicher erleben lässt.

Mein Ziel ist es, dass du dich mit dir selbst beschäftigst, deine Visionen für das neue Jahr lebendig werden und dich in der Natur durch Achtsamkeit, Wahrnehmung und besondere Erlebnisse verzaubern lässt. Dabei begleite ich dich mit Naturimpulsen, Ritualen, Sinneszauberübungen und Affirmationen.

Ich wünsche dir, dass du das alte Jahr gut abschließen kannst und mit deinen Visionen glücklich ins neue Jahr startest. Mögest du zauberhafte Momente mit dir und in der Natur erleben. Momente, die dich tief mit deinen Gefühlen verbinden, dich berühren und dich wachsen lassen. Öffne dich für diese Zeit zwischen den Jahren, lade die Magie in dein Leben ein, und lasse die Möglichkeit zu, dass sich Dinge auf eine wunderbare Art und Weise verändern.

Ich wünsche dir eine magische Zeit, tiefe Einblicke und ganz viel Freude mit diesem Buch.
Kerstin Peter

Naturcoaching in den Rauhnächten – das erwartet dich

Viele Menschen haben in den letzten Jahren das uralte Wissen um die Rauhnächte wiederentdeckt und nutzen diese magische Zeit für einen Blick in die Zukunft, denn jeder Rauhnacht wird ein Monat des nächsten Jahres zugeordnet. Die erste Rauhnacht steht somit für den kommenden Januar, die zweite für den Februar usw.

Die Rauhnächte sind hauptsächlich im europäischen Raum bekannt, weil sie ihren Ursprung in der germanischen und keltischen Tradition haben. Damals lebten die Menschen nach dem Mondkalender, der sich am Mondzyklus von 29,5 Tagen ausrichtet. Das Sonnenkalenderjahr, das auch heute noch unseren Lebenstakt vorgibt, hat allerdings 365 Tage. Zwischen beiden Zählweisen gibt es eine Differenz von elf Tagen oder zwölf Nächten, die die Kelten mit Schalttagen ausglichen. Diesen Tagen, die auch als Rauhnächte bekannt sind, sagte man nach, dass sie magisch und an ihnen die Gesetze der Natur außer Kraft gesetzt seien. In den Rauhnächten sind wir besonders empfänglich für die Geistige Welt, weil die

Schleier zwischen den Welten dünn sind. Bis heute wird diese Zeit zur inneren Einkehr, tiefen Reinigung und Reflexion, zum Loslassen und zur Visualisierung von Wünschen und Neuem genutzt.

Dieses Buch folgt der traditionellen Zählung der Rauhnächte, nach der sie in der Nacht vom 24. auf den 25. Dezember beginnen. Eine Rauhnacht umfasst dabei immer die Zeit von Mitternacht des alten Tages bis Mitternacht des neuen Tages.

Auch die Verbindung mit der Natur, um Übergänge zu meistern oder Fragen zu klären, hat eine lange Tradition in der Menschheitsgeschichte. Die Natur gibt uns Abstand vom Alltag und ist dabei ganz unvoreingenommen. In ihr kommen wir zur Ruhe und können uns entspannen. Unsere digital geprägte Welt für einen gewissen Zeitraum den Rücken zuzukehren, birgt für uns die Chance, dass wir der permanenten Reizüberflutung entkommen und ganz bei uns selbst ankommen. Fragen, die dann auftauchen, können durch die Natur beantwortet oder uns gespiegelt werden. Das Betrachten einer Schnecke erinnert uns beispielsweise an die Langsamkeit, die wir im Alltag oft vergessen. Das Besteigen eines Berges lässt uns außer Atem kommen und führt uns vielleicht zum Vorhaben, uns mehr um unsere Gesundheit zu kümmern. Ein Krokus, der sich durch die Schneedecke schiebt, zeigt uns, dass ein Druchbruch zu jedem Zeitpunkt möglich ist.

Darüber hinaus lädt die Natur uns auch zur Bewegung ein. Die positiven Auswirkungen von körperlichen Aktivitäten auf unsere Gesundheit, das Herz-Kreislauf-System und auch unsere Psyche sind allgemein bekannt. Der Aufenthalt im Wald ist zudem sehr heilsam, da wir die Terpene, die Botenstoffe der Bäume, in uns aufnehmen. Sie aktivieren unser Immunsystem und bewirken unter anderem eine gesteigerte Produktion von körpereigenen Killerzellen, die wiederum veränderte Körperzellen, z. B. Krebszellen, erkennen und zerstören können. Wenn du mehr über diese gesundheitlichen Hintergründe und auch die Besonderheit der Natur als Coachingraum erfahren möchtest, empfehle ich dir mein Buch »Coachingraum Natur«, das Buch »Arbeitsraum Natur« von Carsten Gans, Katja Dienemann, Anja Hume und André Lorino sowie die Bücher von Clemens G. Arvay.

Öffne dich für die Zeichen der Natur

In den Zeiten der Rauhnächte sind wir besonders offen für die Botschaften, Zeichen und Impulse der Natur, die sich uns sehr unterschiedlich zeigen können. Die Natur stellt einen vielfältigen und großartigen Raum dar, der uns auf alle unsere Fragen eine Antwort gibt. Draußen zu neuen Einsichten zu gelangen, ist sehr viel einfacher, da wir selbst Naturwesen sind. Im Kontakt mit Tieren, Pflanzen und den Elementen kommen wir ins Erleben, können uns geborgen fühlen und genießen die Vielfalt und Pracht von Farben und Formen, die sich uns zeigen. Die Natur kann Vorbild für uns sein und schenkt uns wertvolle Momente. Selbst wenn wir durch Gebiete gehen, die eher karg, ausdruckslos oder chaotisch erscheinen, so können auch diese einen Spiegel für uns darstellen.

Halte in der Natur nach Symbolen Ausschau, die dich an dein Thema, dein Anliegen oder deinen Wunsch für das kommende Jahr erinnern. Diese Zeichen können dir neue Wege aufzeigen oder dir eine neue Perspektive auf deine Frage schenken. Wenn du draußen mit einer Frage unterwegs bist, achte z. B. darauf, welche Tiere dir begegnen. Jedes Tier schenkt dir eine andere Botschaft. Du kannst sie für dich interpretieren oder auch zu Hause nachlesen, welche Bedeutung dein Tier hat. Als Krafttier offenbart es dir

Lösungen für deine Probleme oder begleitet dich eine Zeit lang. Genauso ist es mit den Pflanzen, den Bäumen oder den Elementen. Alles in der Natur kann zu dir sprechen.

Die folgenden Fragen können dich dabei unterstützen, Antworten aus der Natur zu erhalten:

» Was siehst du in der Natur in Bezug auf deine Frage?

» Welcher Ort symbolisiert deinen Wunsch?

» Welchen Stolpersteinen begegnest du bei deiner Frage?

» Woher weißt du, dass dies der richtige Weg ist?

» Welche Elemente kannst du besonders stark auf deinem Weg spüren?

» Welche Sinne aktivierst du vordergründig auf diesem Weg?

Wenn du mit deiner Frage im Fokus in der Natur unterwegs bist, erlebst du vielleicht Momente, in denen z. B. ein geradliniger Weg in einer Sackgasse endet oder eine Eiche dir Geborgenheit schenkt. Vielleicht kommt dir auch eine Metapher oder ein Sprichwort in den Sinn, z. B. »Ich sehe den Wald vor lauter Bäumen nicht«, das hilfreich für deine Frage oder dein Thema ist. Die Natur ist nicht vorhersehbar und schenkt uns Momente des Erlebens und Berührtseins. In Resonanz mit der äußeren Natur erfahren wir auch unsere innere Natur, und dieses Zusammenspiel kann dir Klarheit bringen und neue Perspektiven eröffnen.

So bereitest du dich auf die Zeit der Rauhnächte vor

Eine allgemeingültig beste Vorbereitung gibt es wohl nicht, sondern sie hängt ganz von den Bedürfnissen und der Situation jedes Menschen ab. Deshalb möchte ich dir empfehlen, dass du ganz in Ruhe schaust, was du brauchst, um gut in diese Zeit hineinzukommen. Du kannst z. B. deine Wohnung reinigen und räuchern oder deinen Kleiderschrank ausmisten. Vielleicht möchtest du dir eine Kerze für diese magische Zeit kaufen oder dein Zuhause besonders weihnachtlich schmücken. Du kannst auch eine Orakelkarte ziehen oder das erste Ritual (siehe S. 37) durchführen.

Es ist gut, alle Dinge, die dich belasten, jetzt anzugehen. Alte Rechnungen können beglichen oder geliehene Dinge zurückgegeben werden. Auch emotionalen Ballast, unliebsame Gewohnheiten oder Verhaltensweisen darfst du in den Rauhnächten verabschieden. Dabei werde ich dich mit vielen Impulsen und Übungen in der Natur unterstützen.

Es ist auf jeden Fall ratsam, dass du ganz bewusst in diese Zeit eintauchst. Fühle dich frei, alles das zu tun, was dir dein Herz sagt. Ich führe beispielsweise sehr gern das Ritual der dreizehn Wünsche (siehe S. 47) mit meiner Tochter und meiner Mutter durch. Vielleicht hast du auch einen lieben Menschen an deiner Seite, mit dem du die Rauhnächte zusammen erleben oder mit dem du deine Erfahrungen teilen möchtest.

Es ist etwas Besonderes, seine Gedanken nicht nur im Kopf zu behalten, sondern sie auch aufzuschreiben. Ich empfehle dir für die Zeit der Rauhnächte, in einem Tagebuch festzuhalten, was dir in der Natur begegnet und welche Gedanken oder Impulse du hast. In den Übungen, die du später im Buch findest, wirst du immer wieder auf Hinweise zur Nutzung deines Tagebuchs stoßen. In dieses kannst du täglich etwas hineinschreiben oder in ihm bereits vor den Rauhnächten deine Gedanken zu deinen Plänen und Wünschen für das neue Jahr festhalten. Versuche, dir für das Führen deines Tagebuchs Zeit zu nehmen und dir einen Ort zu erschaffen, an dem du gern sitzt und schreibst. Da die Rauhnachtzeit eine spezielle Qualität besitzt, träumen wir viel mehr als in anderen Nächten. Du kannst dein Tagebuch also auch auf dem Nachttisch aufbewahren und bereits morgens deine Träume oder ersten Gedanken in ihm notieren.

In den Rauhnächten lässt es sich sehr gut räuchern, um alte und negative Energien zu vertreiben. Falls du dich noch nicht mit dem Räuchern auskennst, ist es wichtig, dass du dir Räucherwerk und Räuchermaterialien zulegst. Räuchern kannst du auch zusätzlich zu den Impulsen in den Rauhnächten an jedem Tag. Im Buch »Räuchern in Winterzeit und Rauhnacht« von Christine Fuchs findest du verschiedene Räuchermischungen. Im Folgenden möchte ich dir einen ersten Einstieg in die Praxis des Räucherns geben.

DAS BRAUCHST DU ZUM RÄUCHERN:

Es gibt spezielle feuerfeste Räucherschalen, in die Räuchersand hineingegeben wird. Außerdem brauchst du noch Holzkohletabletten und eine Räucherzange. Die Kohle hältst du mit der Zange, entzündest sie und legst sie einfach auf den Sand in der Schale. Sobald an der Tablette weiße Glut zu sehen ist, kannst du deine Räuchermischung darauflegen. Diese Form des Räucherns bietet sich für Harze und Hölzer an, die eine hohe Temperatur brauchen. Räucherpfannen haben einen Holzgriff und sind daher besonders praktisch, wenn du beim Räuchern von Raum zu Raum gehen möchtest.

Es gibt auch Räucherstövchen mit einem Sieb. Hier reicht ein Teelicht aus, um das sanfte Räucherwerk aus getrockneten Blüten und Kräutern zu entzünden. Als Alternative für unterwegs benutze ich gern ein Teesieb zum Zuklappen, das ich mit der Räuchermischung befülle. Von außen zünde ich die Mischung mit einem Sturmfeuerzeug an.

Wenn du dein Haus reinigen möchtest, fange unten an und räuchere bei geschlossenen Fenstern jeden Winkel aus. Öffne danach die Fenster, und verabschiede die negativen und belastenden Energien aus dem Haus. Wenn du dich selbst räuchern möchtest, streiche den Rauch mit deinen Händen an deinem Körper entlang. Genieße den Duft der Räuchermischung, und stelle dir vor, dass du von allem Schweren gereinigt wirst.

Sollte dir das Räuchern keinen Spaß machen oder du den Geruch nicht mögen, kannst du auch eine Duftkerze anzünden oder ätherische Öle zur energetischen Reinigung nutzen.

Ein paar Worte zum Buch

Für jede Rauhnacht findest du einen Naturimpuls in Form einer Übung für dich allein und eine weitere Übung, die du mit einem Menschen machen kannst, mit dem du gemeinsam in den Rauhnächten wachsen möchtest. Zusätzlich gebe ich dir für jeden Tag – denn du gehst natürlich nicht immer in der Nacht nach draußen in die Natur – eine Sinneszauberübung mit auf deinen Weg. Mit ihr schulst du deine Wahrnehmung. Auch Affirmationen unterstützen dich bei deinen Visionen, deinem Wachstum und dem Wechsel ins neue Jahr. Sie findest du zu Beginn der jeweiligen Rauhnacht, und mit ihnen kannst du unabhängig von den Übungen arbeiten.

Außerdem möchte ich dir drei besondere Rituale vorstellen: ein Ritual zur Wintersonnenwende, das Ritual der dreizehn Wünsche und ein Abschlussritual, das du nach der letzten Rauhnacht begehst.

Die Übungen und Rituale zu den zwölf Rauhnächten sind folgendermaßen gegliedert:

» Den Beginn deiner magischen Zeit markiert das Ritual zur Wintersonnenwende, das zur Einstimmung dient. Du kannst in den Tagen danach auch das Ritual der dreizehn Wünsche durchführen.

» In den ersten drei Rauhnächten beschäftigen wir uns mit deinen Wurzeln. Du erlebst dich über deinen Körper und lernst, deinem Herzen zu folgen.

» In den folgenden drei Rauhnächten widmen wir uns den Themen »Verbundenheit« und »Vergebung«. Es geht hierbei um deine Verbindungen zu anderen Menschen, dir selbst und auch zu den Konzepten, die dich durch dein Leben begleiten.

» In den nächsten drei Rauhnächten geht es um die Vorbereitung auf die Wandlung und deinen Neubeginn. Dazu widmest du dich auch den Themen »Ruhe« und »Verbindung mit dem Göttlichen«.

» Die letzten drei Rauhnächte lassen dich einen Blick auf dein eigenes Wachstum werfen. Du beschäftigst dich mit dem Loslassen und Abschiednehmen und tauchst in deine Visionen für die Zukunft ein.

» Den Abschluss der Übungen bildet das Ritual des Da-Seins, das dich alles Erlebte noch einmal integrieren lässt und in dem du deinen Kraftplatz für das neue Jahr entdeckst.

Da jede Rauhnacht für je einen Monat steht, ist es eine gute Idee, die Übungen im Laufe des Jahres noch einmal zu wiederholen. Du kannst also jeden Naturimpuls in dem jeweiligen Monat durchführen und schauen, ob sich in dir oder im Außen etwas verändert hat.

Naturimpulse

Zwölf Naturimpulse warten auf dich, die thematisch auf die jeweilige Rauhnacht abgestimmt sind. Sie sind das Herzstück meines Buches. Solltest du einmal eine Rauhnacht auslassen, kannst du selbst entscheiden, ob du den Naturimpuls am nächsten Tag durchführst oder einfach überspringst. Lies dir in diesem Fall die ausgelassene Rauhnacht dennoch durch, da einige Übungen aufeinander aufbauen. Vielleicht kannst du sie auch kombinieren oder zwei Impulse an einem Tag durchführen.

Unter der Überschrift **»Übungen zum gemeinsamen Erleben«** habe ich zusätzlich zu der Sinneszauberübung und dem Naturimpuls für jede Rauhnacht eine Übung entwickelt, die du mit einem Herzensmenschen durchführen kannst. In den Rauhnächten kannst du nicht nur allein wachsen, sondern eben auch deine Verbindung zu einem besonderen Menschen stärken. Du entscheidest, ob du diese magische Zeit mit einer Freundin, deinem Partner, deiner Schwester, deinem Bruder, deiner Mutter, deinem Vater, deinem Kind oder einem anderen lieben Menschen gemeinsam zelebrieren möchtest. Die Übungen passen jeweils zu dem Thema der Rauhnacht. Solltest du die Zeit nicht finden, sie durchzuführen, verschiebe diese Übung auf den entsprechenden Monat des kommenden Jahres. Du solltest im Vorfeld mit deinem Übungspartner klären, ob ihr euch diese gemeinsame Zeit jeden Tag nehmen könnt. Für Paare sind die Übungen also ideal geeignet. Du kannst aber auch ganz nach dem Thema entscheiden und gezielt eine passende Übung mit einem Menschen machen, mit dem du etwas Bestimmtes angehen oder klären möchtest. Es liegt ganz in deiner Hand, wann du mit wem welche Übungen durchführst. So kannst du an einem Tag einen Naturimpuls für dich allein nutzen und an einem anderen Tag die zusätzliche Übung mit einem anderen Menschen teilen.

Besonders für die Übungen, die du gemeinsam mit einem Übungspartner machst, empfehle ich dir, dem Gesagten mit der **Methode der drei Schatzkästchen** zu begegnen. Sie kann euch in vielen Momenten hilfreich sein und dazu führen, dass ihr ungehemmt eure Gedanken aussprecht. Diese Methode habe ich in einer meiner Ausbildungen, in der »CoreDynamik«, kennengelernt. Ich wende sie in allen meinen Gruppen an und hoffe, dass ihr, also du und dein Übungspartner, sie in eurem gemeinsamen Erleben der Natur genauso lieben lernt.
Bei der Methode der drei Schatzkästchen geht es darum, wie man eine Äußerung des anderen für sich einsortiert und reflektiert, ohne darauf zu reagieren. Dazu stehen das innerliche »Ja«-Kästchen, das »Nein«-Kästchen und das »Vielleicht«-Kästchen bereit. Wenn dein Übungspartner dich beschreibt, seine Worte auf dich wie ein Volltreffer wirken und du sie gern annehmen möchtest, dann wandern sie in das »Ja«-Kästchen. Es kann natürlich auch vorkommen, dass der andere etwas sagt, womit du dich nicht identifizieren kannst. In diesem Fall kannst du das Gesagte in dein »Nein«-Kästchen legen. Die Worte deines Übungspartners haben in diesem Fall gar nichts mit dir zu tun, sondern vielleicht eher mit ihm selbst. In das »Vielleicht«-Käst-

chen kommt alles hinein, was du dir noch einmal durchdenken willst. Du prüfst dann später, ob das Gesagte für dich stimmig ist oder ob du es nicht annehmen möchtest.

Ich möchte dir sehr ans Herz legen, dass du deine gemachten Erfahrungen gut in den Alltag integrierst. Dazu kannst du dein Tagebuch nutzen und es jeden Tag ein bisschen mehr füllen. Eine andere Möglichkeit ist, dass du für alles Erlebte kleine **Ankerpunkte** findest, die dir helfen, dich an diese Erfahrungen zu erinnern und sie zu integrieren. Zwischen deiner Körperhaltung und deinen Gefühlen existiert eine wechselseitige Beeinflussung, die du für deinen Anker nutzen kannst. Wenn du nach jeder Rauhnacht in eine Körperhaltung oder Geste findest, die zu deinem Erlebnis passt, kannst du bei deren Wiederholung schnell wieder die Emotionen dieses Moments verspüren. Solltest du dich z. B. durch dein Erlebnis frei wie ein Vogel fühlen, breite die Arme seitlich aus, und atme einige Male tief durch. Fühlst du dich nach einer Übung mit dir selbst stark verbunden, lege deine Hände auf dein Herz, und bleibe so für einige Minuten.
Auch Worte beeinflussen unsere Stimmung. Du kannst nach der Übung eine für dich passende **positive Affirmation** formulieren, die dich in Zukunft begleitet. Dein Gehirn wird die Botschaft immer besser aufnehmen, und nach drei Wochen hast du sie verinnerlicht. So gelingt es dir nach und nach, deine Erlebnisse in dein Leben zu integrieren. Für eine Neuorientierung ist es wichtig, dass du immer wieder deinen Körper, deine Gedanken und deine Emotionen verbindest. Mehr zum Thema »Affirmation« findest du auf S. 30.

Fühle dich ganz frei in der Gestaltung deiner Rauhnächte. Die Übungen und Impulse sind als Inspiration und Ideen gedacht, und du kannst sie jederzeit verändern und an deine spezifischen Bedürfnisse anpassen. Auch die Angabe zur Dauer ist variabel. Solltest du bereits im Vorfeld wissen, dass du zu wenig Zeit für die Übung hast, suche dir die Impulse aus, die dich besonders ansprechen. Wie bereits erwähnt, hast du auch die Möglichkeit, die zwölf Impulse auf das ganze Jahr zu verteilen, sodass du für jeden Monat eine Übung hast.

Rituale

In diesem Buch möchte ich dir **drei Rituale** mit auf deinen Weg durch die Zeit der Rauhnächte geben. Rituale sind Handlungen, die nach festen Regeln ablaufen und einen hohen Symbolgehalt haben. Ihr Anfang und ihr Ende werden klar definiert. Rituale sind etwas Besonderes, und wir führen sie im Gegensatz zu unseren Gewohnheiten sehr bewusst durch. Meist wollen wir mit ihnen etwas ins Leben rufen, etwas feierlich loslassen, oder sie markieren den Übergang von etwas Altem zu etwas Neuem.

Damit du dich gut auf dein Ritual vorbereiten kannst, möchte ich dir hier einige allgemeine Tipps geben:

» Überlege dir genau, warum du das Ritual durchführen willst.

» Ein Ritual kann durch Fasten oder leichte Kost eingeleitet werden. Verzichte während der Zeit auch auf Alkohol oder Drogen.

» Es ist hilfreich, im Vorfeld deinen Medienkonsum einzuschränken. Auf diese Weise kannst du dich besser und ohne Ablenkung auf das Ritual vorbereiten.

» Finde einen geeigneten Platz für das Ritual, gestalte ihn so, wie er für dich stimmig ist, und ziehe bequeme Kleidung an.

» Vielleicht möchtest du bei deinem Ritual begleitet werden. Lade einen lieben Freund dazu ein, oder nimm Gegenstände mit wie eine Trommel, einen Stein, ein Schmuckstück …

» Vor Beginn des Rituals kannst du dich und den Platz räuchern. Zur Einstimmung ist auch eine Meditation geeignet. Genauso gut kannst du eine Kerze anzünden oder ein besonderes Lied hören.

» Bitte bei deinem Ritual um Unterstützung durch die Elemente, Naturwesen oder auch deine Ahnen.

» Denke immer daran, den Beginn und das Ende des Rituals festzulegen, indem du z. B. eine Schwelle überschreitest. Diese kann eine Linie sein, die du aus Naturmaterialien auf den Boden legst. Auch ein klarer zeitlicher Rahmen ist von Vorteil.

» Beende das Ritual mit einem Dank an die Natur und an deine Begleiter.

» Überlege dir, wie du deine Erkenntnisse aus dem Ritual gut in den Alltag integrierst. Du kannst z. B. etwas in dein Tagebuch schreiben, dir eine Affirmation ausdenken oder ein kleines Alltagsritual erfinden wie eine Atemübung.

Sinneszauberübungen

In jeder Rauhnacht begleitet dich eine Sinneszauberübung, mit der du deine Wahrnehmung schulst und deine Umgebung und dich selbst neu und intensiver kennenlernst. Diese Übungen lassen sich natürlich jederzeit erweitern und wiederholen. Bereits vom ersten Lebensmoment an nehmen wir uns selbst und unsere Umgebung über unsere Sinne wahr. Sie helfen uns, zu lernen, zu verstehen, zu berühren, zu integrieren und uns zu öffnen. Der Naturwissenschaftler und Philosoph Rudolf Steiner hat sich bereits 1916 intensiv mit diesem Thema beschäftigt und über die bekannten fünf Sinne, Sehen, Hören, Tasten, Riechen und Schmecken, hinaus noch sieben weitere definiert. Diese sind:

» Wärmesinn
» Gleichgewichtssinn
» Eigenbewegungssinn
» Wort- oder Sprachsinn
» Gedankensinn
» Lebenssinn
» Ich-Sinn

Diese zwölf Sinne hat er in drei Bereichen geordnet: die Körpersinne, die Umgebungssinne und die Erkenntnis- oder sozialen Sinne.

Da wir in den Sinneszauberübungen mit jeweils einem dieser zwölf Sinne arbeiten, möchte ich sie dir kurz vorstellen.

Körpersinne

Die ersten vier Sinne werden auch Körpersinne genannt, da sie uns dabei unterstützen, unseren eigenen Körper wahrzunehmen. Im seelischen Bereich wird ihnen der Wille zugeordnet.

Tastsinn

Durch den Tastsinn erfahren wir uns selbst und unsere Körpergrenze. Über ihn können wir uns und andere Menschen berühren. Er vermittelt uns Wohlgefühl, schenkt uns Zärtlichkeit, zeigt uns Formen und Grenzen auf. Der Tastsinn ist von Geburt an aktiv und hat seinen Sitz in den Rezeptoren unserer Haut.

Gleichgewichtssinn

Der Gleichgewichtssinn hat seinen Sitz im Innenohr und im Kleinhirn. Er schenkt uns Stabilität und Balance. Fühlen wir uns einmal nicht im Gleichgewicht, ist damit sowohl die innere als auch die äußere Balance gemeint. Da beide einander wechselseitig beeinflussen, können wir auch an beiden Aspekten arbeiten. Solltest du dich also einmal innerlich nicht ausgeglichen fühlen, ist es sicherlich hilfreich, im Außen einige Gleichgewichtsübungen zu machen.

Eigenbewegungssinn

Über den Eigenbewegungssinn oder auch Bewegungssinn sind wir in der Lage, unsere Bewegungen und körperlichen Handlungen wahrzunehmen. Er hat seinen Sitz in den Rezeptoren der Muskulatur. Je aktiver wir sind, desto besser ist unser Eigenbewegungssinn ausgeprägt. Durch ihn erfahren wir, dass wir unseren Körper gut beherrschen können. Solltest du dich oft antriebsschwach fühlen, ist es gut, wenn du dich mehr bewegst. Dabei aktivierst du gleichzeitig deinen Bewegungssinn.

Lebenssinn

Der Lebenssinn gibt uns die Möglichkeit, uns als lebendige Wesen wahrzunehmen. Er vermittelt uns darüber hinaus, in welcher körperlichen Verfassung wir sind. Wenn du dich einmal krank oder energielos fühlst, zeigt das, dass es nicht gut um deinen Lebenssinn bestellt ist. Stress, Angst oder Streit sind für ihn nicht förderlich. Je strukturierter oder harmonischer dein Tagesablauf ist, desto wohler fühlt sich dieser Sinn und du dich mit ihm. Der Lebenssinn hat seinen physischen Sitz im Nervensystem.

Umgebungssinne

Mit ihnen nehmen wir schwerpunktmäßig nicht mehr uns selbst, sondern unsere Umwelt wahr. Die eigene Aktivität, das eigene Erleben und Empfinden sind dabei unabdingbar.

Wärmesinn

Der Wärmesinn vermittelt uns, ob uns warm oder kalt ist. Dabei beschränkt er sich nicht auf das körperliche Empfinden, sondern umfasst auch das seelische. Je sensibler ein Mensch ist, desto eher kann er echte Herzlichkeit von gespielten Gefühlen und Kaltherzigkeit unterscheiden. Die Wärme- und Kälterezeptoren auf der Haut beherbergen unseren Wärmesinn.

Sehsinn

Über den Sehsinn erkennen wir unsere Umwelt. Wir können Formen und Farben genauso unterscheiden wie Dunkel und Hell. Dieser Sinn hat seinen Sitz in unseren Augen und erscheint uns oft als der wichtigste Sinn, was unsere Orientierungsfähigkeit anbetrifft.

Geschmackssinn

Mit dem Geschmackssinn erleben wir, ob unsere Nahrung salzig, scharf, sauer oder auch süß ist, und er hilft uns, verdorbene Nahrungsmittel zu erkennen. Der Sitz des Geschmackssinns ist die Zunge.

Geruchssinn

Über den Geruchssinn nehmen wir verschiedene Gerüche wahr, die wiederum Empfindungen in uns auslösen können. Dies ermöglicht uns, Urlaubs- oder Kindheitserinnerungen durch einen Duft wachzurufen. Der Geruchssinn hat seinen Sitz in der Nase.

Erkenntnis- oder soziale Sinne

Die letzten vier Sinne unterstützen uns bei Erkenntnissen und sind hilfreich im Kontakt mit anderen Menschen. Sie sind unsere mentalen Sinne und bestimmen unsere Wahrnehmung der nicht-physischen Welt.

Hörsinn

Der Hörsinn lässt uns die Geräusche der Welt wahrnehmen. Das können wunderbare Musikstücke sein oder der Lärm einer Bohrmaschine. Die unterschiedlichen Töne und Geräusche können heilsam für uns sein oder uns stressen. Der Hörsinn hat seinen Sitz in den Ohren.

Sprachsinn

Durch den Sprachsinn nehmen wir Worte auf und können sie verstehen. Dieses Verstehen geht über das eigentliche Hören hinaus, denn durch den Sprachsinn nehmen wir verschiedene Ebenen der Kommunikation gleichzeitig wahr. So bringen wir Mimik, Gestik und andere nonverbale Kommunikationsformen in Verbindung mit dem Gesagten. Der Sprachsinn hat seinen Sitz im Kehlkopf und den umliegenden Organen.

Gedankensinn

Der Gedankensinn baut auf dem Sprachsinn auf. Über das Verständnis einzelner Sätze hinaus können wir mit ihm auch die Gedanken eines anderen Menschen erfassen. Der Gedankensinn hilft uns zudem, Unausgesprochenes über Mimik oder Gestik sowie die Körperhaltung zu erkennen. Je empathischer ein Mensch ist, desto eher kann er sich auch in andere Menschen hineinversetzen, hineinfühlen und dadurch ihre Gedanken wahrnehmen.

Ich-Sinn

Der Ich-Sinn ist der Sinn, der vielleicht am wenigsten entwickelt ist. Über ihn sind wir in der Lage, uns selbst und unser Gegenüber wahrzunehmen. Das Erkennen eines anderen Menschen setzt voraus, dass wir uns als Ich erleben, uns also unseres Selbst bewusst sind.

Diese kleine Einführung in die verschiedenen Sinne nach Rudolf Steiner soll dir für das Verständnis der Sinneszauberübungen reichen. Wenn du dich für die Hintergründe dieser Sinneseinteilung interessierst, empfehle ich dir das Buch »Die zwölf Sinne des Menschen« von Sebastian Knabe.

Affirmationen

Zu jeder Rauhnacht findest du eine **Beispielaffirmation,** die als Inspiration für dich gedacht ist. In den meisten Übungen sollst du am Ende eine Affirmation kreieren, die deine Erkenntnisse aus der Übung zusammenfasst. Unter dem Begriff »Affirmation« versteht man bewusste Gedanken, die positiv formuliert sind und die dir helfen sollen, deine Ziele zu erreichen bzw. deine Gefühle und dein Verhalten dauerhaft zu verändern. In unserem Unterbewusstsein tragen wir oft Glaubenssätze, die wir bereits in früher Kindheit von unseren Eltern übernommen haben. Negative Glaubenssätze können einen ungünstigen Einfluss auf unser Verhalten haben und zu Stress und Frustration beitragen. Wenn du beispielsweise jeden Morgen denkst, dass du deine Ziele nicht erreichst, wird das vermutlich auch genau so eintreffen. Glaubenssätze spiegeln also unsere ganz persönliche Wahrheit wider, und deshalb lassen sie sich auch beeinflussen und verändern. Unser Handeln, unser Fühlen und unser Denken hängen wechselseitig zusammen. Durch Affirmationen können sich deine Gedanken verändern und dadurch auch dein Verhalten, was wiederum deine Gefühle positiv beeinflusst.

Damit Affirmationen, quasi deine neuen Glaubenssätze, wirken können, ist es wichtig, sie möglichst oft zu wiederholen. Du kannst deine Affirmation bereits morgens direkt nach dem Aufwachen aussprechen und abends, bevor du ins Bett gehst. Je öfter du eine Affirmation wiederholst, desto eher nimmt dein Gehirn diese positive Botschaft auf. Hilfreich ist es auch, wenn du deine Affirmationen visualisierst. Du kannst sie dazu als Bild auf dein Smartphone laden oder sie als Botschaft an dich auf kleine Zettel schreiben, die du gut sichtbar in deiner Wohnung platzierst. Nutze alle deine Sinne, um Affirmationen in deinen Alltag zu integrieren, und frage dich, wie etwas riecht, schmeckt, aussieht, sich anfühlt …

Beim Schreiben einer Affirmation solltest du Folgendes beachten:

» Formuliere die Affirmation positiv und in der Gegenwart. Du sollst dich mit diesem Satz ganz identifizieren können. Falls du innerlich spürst, dass dein Satz noch nicht richtig formuliert ist, verändere ihn, bis er für dich stimmt.

» Nutze Satzanfänge wie: »Ich genieße es …«, »Es ist gut für mich …«, »Ich erlaube mir …«, »Ich darf …«, »Ich freue mich …«.

» Mache dir Gedanken dazu, was dein Ziel ist. Auf diese Weise fokussierst du dich nicht auf dein Problem, sondern lädst das Neue in dein Leben ein. Wende die Affirmation nur für dich und nicht für andere an.

» Arbeite mit deiner Affirmation über 30–90 Tage täglich. Erst nach dieser Zeit hast du deine Affirmation als neuen Glaubenssatz verinnerlicht.

Das solltest du beim Gang in die Natur beachten

Die Naturimpulse und Übungen kannst du zu **jeder Tages- und Nachtzeit** durchführen. Es ist auf jeden Fall ein besonderes Erlebnis, auch einmal ganz früh am Morgen oder abends in der Natur unterwegs zu sein. Solltest du die Übungen in der Dunkelheit machen wollen, benötigst du selbstverständlich eine Stirnlampe. Fühle dich aber ganz frei, die für dich beste Uhrzeit für deinen Gang in die Natur herauszufinden.

Aus eigener Erfahrung weiß ich, dass nicht jedes **Wetter** verlockend ist. An einigen Tagen stürmt, regnet oder schneit es vielleicht, sodass du es vorziehst, zu Hause zu bleiben. Wenn das der Fall ist, kannst du den Sinneszauber daheim durchführen und die Naturimpulse auf einen anderen Tag verlegen. Einige Übungen lassen sich auch problemlos zu Hause machen. Dennoch möchte ich dich dazu motivieren, auch bei Kälte, Regen oder Schnee hinauszugehen. Du kommst in ein spürbares Erleben der Natur und sammelst vielfältige und sehr bereichernde Erfahrungen. Aus der Praxis kann ich dir bestätigen: Bei jedem Wetter gibt es etwas zu entdecken, was mit dir in Kontakt kommen kann und ein Geschenk für dich ist.

Bei jeder Übung in den Rauhnächten steht dabei, was du für die Übung brauchst. Trotzdem möchte ich dir **eine kleine Checkliste** mitgeben, damit du für deinen Gang in die Natur gut vorbereitet bist.

CHECKLISTE

» wetterfeste Kleidung
» gutes Schuhwerk
» ein Rucksack
» eine Stirnlampe
» ein Tagebuch oder ein Block
  zum Schreiben
» eine Schreibunterlage
» kleine Blätter zum Beschriften
» ein Briefumschlag oder eine kleine Kiste
» Stifte und Malsachen
» ein Sitzkissen, eine Decke, eventuell eine Hängematte
» eine Trinkflasche mit ausreichend Wasser
» eine Kerze und Streichhölzer
» etwas zum Räuchern: eine feuerfeste Schale, Räucher-
  kohle, Räuchersand, eine Zange oder ein rundes Teesieb
  und ein Sturmfeuerzeug
» Räucherwerk, z. B. Salbei, Wacholder, Weihrauch, Stern-
  anis, Kardamom, Beifuß, Myrrhe, Thymian, Kampfer, Sty-
  rax, Zimt, Lavendel, Tannennadeln, Fichtenharz oder auch
  fertige Mischungen
» eine Paketschnur
» ein Smartphone oder ein Fotoapparat

Hast du nach diesen besonderen Rauhnächten, die du in tiefer Verbindung mit der Natur verbracht hast, das Gefühl, dass dir diese Form der Auseinandersetzung mit dir und der Natur gutgetan hat? Dann empfehle ich dir, dir in deiner Nähe einen schönen Ort zu suchen, der dein zukünftiger Kraftplatz ist. An ihm kannst du dich entspannen und die heilsamen Stunden draußen genießen.

Auch dein Tagebuch kannst du jederzeit fortführen oder ergänzen, denn vielleicht möchtest du die Naturimpulse und Sinneszauberübungen im Laufe des Jahres wiederholen.

Für weitere Inspirationen empfehle ich dir mein Buch »Coachingraum Natur«. Es enthält 75 Übungen zu verschiedenen Themen, die du immer machen kannst, und deutlich mehr Hintergrund zum Naturcoaching. Direkt zum Mitnehmen, wenn du nach draußen gehst, eignet sich das Kartenset zum Buch, das dir 40 Übungen vorstellt. Selbstverständlich gibt es auch andere Bücher zu diesem Thema, die ich dir gern ans Herz legen möchte. Du findest sie in den Literaturempfehlungen.

Ich freue mich über jeden Leser, der seine Liebe zur Natur nicht nur in sich trägt, sondern sich auch auf die Natur als Ratgeberin einlässt. Aber genug der Vorrede, lass uns beginnen.

Das *Ritual* zur
EINSTIMMUNG:
Wintersonnenwende

AFFIRMATION:
»Mit jedem Tag ist
mein Leben heller und schöner.«

Die Wintersonnenwende findet auf der Nordhalbkugel in der
Regel am 21. Dezember statt, manchmal fällt sie aber auch auf
den 22. Dezember. An diesem Tag erreicht die Sonne ihren
tiefsten Stand. Wir erleben dann den kürzesten Tag im Jahr, und
uns steht meist auch die längste Nacht bevor. Da der Zeitpunkt
der geringsten Mittagshöhe der Sonne zeitlich variiert, haben
wir am Tag der Wintersonnenwende manchmal die längste
Nacht aber auch schon hinter uns. In einigen Traditionen gilt die
Thomasnacht, die Nacht vom 21. auf den 22. Dezember, bereits als erste Rauhnacht. Aus diesem Grund möchte ich dir für
diesen besonderen Zeitpunkt, an dem das Licht wieder zu uns
zurückkehrt, ein Ritual zur Einstimmung schenken.
Heute ist ein guter Tag dafür, sich seinen Schattenthemen zu
stellen, zu fühlen, was uns traurig macht, wo unser Schmerz ist,
und das alte Jahr abzuschließen. Erst, wenn wir uns unserer
Dunkelheit stellen, kann auch unser Licht wieder erstrahlen.

Sinneszauber

FREUDESINN

Material: Papier, Stifte

Diese Übung möchte ich dir sehr ans Herz legen, bevor du mit dem Ritual zur Wintersonnenwende beginnst. Mit diesem Sinneszauber richtest du deine Aufmerksamkeit auf deinen Freudesinn. Den Begriff »Freudesinn« gibt es im normalen Wortschatz leider nicht, und ich möchte ihn mit dieser Übung in dein Leben bringen. Er wurde mir von meiner Freundin Susann geschenkt, und ich konnte ihn sofort spüren und nachvollziehen.

Vielleicht erinnerst du dich an Momente aus deiner Kindheit, in denen du vor Vergnügen gehüpft bist oder dein Herz ganz stark gespürt hast. In solchen Augenblicken werden wir von Freude und Glück durchflutet. Ich lade dich ein, dir diese Momente immer wieder in Erinnerung zu rufen. Mit ein bisschen Übung und Aufmerksamkeit für die schönen Dinge im Leben wird dir dies sicherlich gelingen.

So rufst du den Freudesinn und dein strahlendes Licht in dein Leben: Nimm einen Stift und ein Blatt Papier, und schreibe deine freudigen Erlebnisse aus diesem Jahr auf. Bei welcher Erinnerung wird dir ganz warm ums Herz? In welchen Momenten der letzten zwölf Monate hast du dich glücklich und frei gefühlt? Worauf blickst du voller Stolz und Zufriedenheit zurück? Welche Menschen haben dir ein Lachen geschenkt und dich deinen Freudesinn spüren lassen?

Lasse dich von diesen Fragen leiten, und notiere alle wichtigen und wertvollen Momente, die du in diesem Jahr erfahren hast und die dir gerade jetzt von Bedeutung erscheinen. Bade in der Erinnerung, und bedanke dich im Anschluss geistig bei den Menschen, mit denen du diese glückseligen Zeiten erlebt hast. Wenn du den Impuls verspürst, ihnen persönlich zu danken, zögere nicht. Greife direkt zum Telefon, oder schreibe eine Karte.

Genieße den Rückblick und die Freude, die du in diesen Momenten empfunden hast. Diese Übung zeigt dir, dass du dein Leben immer aus zwei Perspektiven betrachten kannst. Manchmal ist das Glas halb leer, aus einem anderen Blickwinkel gesehen, ist es halb voll.

Erinnere dich auch in Zukunft an diese zwei Betrachtungsweisen. Vielleicht kannst du den Momenten, die dir schwer und unangenehm erscheinen, dann etwas Positives und Freudvolles abgewinnen.

Ritual
zur Wintersonnenwende

Thema: Einstimmung auf die Rauhnächte
Wirkung: die eigenen Schattenthemen erkunden, annehmen und evtl. lösen
Dauer: 40–60 Minuten
Material: Materialien für die Schwelle, ein Sitzkissen oder eine Decke, dein Tagebuch
Ort: überall

Heute erleben wir den kürzesten Tag und die längste Nacht. Ab morgen werden die Tage wieder länger, und mehr Licht strahlt in unser Leben. Dieser Tag ist wie eine Schwelle, die du überschreitest und an der wir gemeinsam einen kleinen Stopp einlegen wollen, um das zurückliegende Jahr und seine Schattenthemen zu reflektieren. Welche Dinge in diesem Jahr waren mühsam? Was brauchst du, um in Frieden mit ihnen zu sein, sie hinter dir zu lassen und voller Lebensfreude nach vorn zu blicken?

Für dieses Ritual kannst du gern deine Aufzeichnungen von der Freudesinn-Übung mit in die Natur nehmen. Überlege dir zunächst, wie du das Ritual beginnen und beenden möchtest. Lege dazu eine Schwelle aus Naturmaterialien auf den Boden, über die du am Anfang und am Ende steigst. Du kannst dein

Ritual aber auch mit einem Lied beginnen und abschließen, mit einer Atemmeditation, mit Räuchern oder in Stille. Sorge gut für dich, indem du alles Nötige einpackst, damit dir warm ist. Ein Sitzkissen oder eine Decke ist dafür hilfreich. Lade Begleiter aus der Geistigen Welt für dieses Ritual als Unterstützung ein, z. B. ein Krafttier oder eine Person aus deiner Ahnenreihe.

Wähle eine Tageszeit aus, zu der du dich wohlfühlst und keinem zeitlichen Stress ausgesetzt bist. Gehe dann hinaus in die Natur, und starte dein Ritual mit dem Errichten und Überschreiten der Schwelle. Stelle dir nun vor, dass du deinen Schattenthemen aus diesem Jahr noch einmal begegnest. Lasse dich überraschen, welche Themen auftauchen, und versuche, sie vor allem über die Natur zu finden.

Gehe los, und löse dich mit jedem Schritt mehr von deinen Gedanken. Erlaube dir, dich der Natur ganz anzuvertrauen. Folge intuitiv dem Weg, der dich anspricht. Sobald dir etwas ins Auge fällt, was dich an ein Schattenthema aus dem letzten Jahr erinnert, bleibe stehen und verbinde dich mit diesem Natursymbol oder diesem Ort.

Wie fühlt es sich an, an diesem Platz zu stehen? Welche Erinnerungen tauchen auf? Was passiert in deinem Körper? Wie empfindest du deine Atmung? Ist dieses Thema bereits gelöst, oder kannst du es noch spüren? Wo genau in deinem Körper nimmst du es wahr? Atme dorthin, wo du das Thema erspürst. Solltest du es nicht in deinem Körper wahrnehmen, atme einige

Male tief ein und aus, und visualisiere dein Thema vor deinem inneren Auge.

Welcher erste Satz taucht zu deinem Thema auf? Ist noch eine andere Person involviert? Schaue, ob du in Frieden mit dem Thema bist, und formuliere einen Ich-Satz, z. B.: »Ich werde in Zukunft meine Bedürfnisse achten, ohne dadurch andere zu verletzen.« Anschuldigungen werden dir nicht weiterhelfen, deshalb versuche, ganz bei dir zu bleiben und deinen Unmut oder deine Gefühle nicht auf eine andere Person zu projizieren. Schaue viel eher danach, was diese Gefühle mit dir machen. Welches davon kannst du momentan spüren? Was für ein Bedürfnis steckt hinter dem Gefühl? Ist es vielleicht das Verlangen danach, gesehen oder geliebt zu werden? Versuche, das dahinterstehende Bedürfnis zu erkennen und auszusprechen.

Falls dir das schwerfällt, suche einen Ort, der für dein Bedürfnis stehen könnte. Gehe dann langsam auf diesen Ort zu. Vielleicht findest du über die Natur eine Antwort. Schaue dich genau um, oder gehe in ein Zwiegespräch mit der Natur. Bei diesem Zwiegespräch kannst du ihr alle Fragen stellen, die du in dir trägst. Manchmal erhältst du Antworten von der Natur, die dein Schattenthema vielleicht in ein anderes Licht rücken. Diese Antworten kannst du innerlich wahrnehmen oder in Form von z. B. einem Bild. Solltest du einen Gegenstand finden, betrachte ihn von allen Seiten, auch so kommst du in Kontakt oder einen Dialog mit der Natur. Dein Schattenthema löst sich dadurch nicht unbedingt auf, es wird jedoch sichtbarer oder greifbarer, und du kannst es besser annehmen.

Es ist nicht ganz so leicht, seine wahren Bedürfnisse herauszufinden, denn im Alltag ist unser Fokus eher auf andere Dinge, Menschen oder Ereignisse ausgerichtet. Unsere Bedürfnisse sind oft die grundlegenden Dinge, die wir als Kind nicht erfahren haben. So fühlten wir uns vielleicht bereits damals nicht immer richtig verstanden, gesehen oder geliebt. Aus diesem Mangel heraus entwickelt sich dann ein Schattenthema, das wir nicht so gern anschauen wollen. Dabei ist es sehr hilfreich, wenn wir einmal etwas Licht in unser Schattenthema bringen, indem wir es an die Oberfläche holen und uns seiner bewusst werden. Manchmal reicht es bereits aus, wenn wir einfach nur erkennen, dass wir z. B. gesehen oder geliebt werden wollen. Erst, wenn wir unser Bedürfnis klar vor Augen haben, können wir uns anderen Menschen gegenüber öffnen und zeigen.

Einen Wunsch zu formulieren, ist der letzte Schritt in unserer Schattenarbeit. Der Wunsch kann an dich oder andere Personen gerichtet sein. Dabei ist es wichtig, dass du den Wunsch aus der Ich-Perspektive formulierst. Für viele Menschen ist es dann leichter, ihn anzunehmen. Sie fühlen sich auf diese Weise nicht angegriffen und können uns den Wunsch in der Regel erfüllen. Ein Wunsch an eine andere Person könnte z. B. lauten: »Ich wünsche mir von dir, dass du mit mir redest, wenn dich etwas bedrückt.«
Sprich deinen Wunsch laut aus, und lasse dich überraschen, ob du eine Antwort aus der Natur wahrnimmst. Gibt es ein Lebewesen, das dir antwortet? Zeigen sich dir Symbole, Farben,

Gerüche oder Geräusche? Was verändert sich in deinem Körper, wenn du dich in dieser Form mit deinem Schattenthema auseinandersetzt? Wenn du möchtest, kannst du deine Erkenntnisse in dein Tagebuch schreiben oder deinen Wunsch in eine positive Affirmation umformulieren. Gibt es einen Naturgegenstand, den du als Symbol mitnehmen willst? Was auch immer du nun tun möchtest, tue es – es ist auf jeden Fall richtig. Du kannst nun an diesem Platz verweilen oder einen neuen Weg einschlagen.

Dieses Ritual lässt sich mit allen Schattenthemen durchführen. Vielleicht möchtest du dich im Anschluss mit einem weiteren Schattenthema auseinandersetzen oder dich einfach ausruhen und abschalten. Alles ist in diesem Augenblick gut und richtig. Genieße es, einem deiner Schattenthemen etwas näher gekommen zu sein. Vielleicht hast du mithilfe dieses Rituals gelernt, wie du mit schwierigen Themen arbeiten kannst, und kannst das in Zukunft nutzen.

Beende dieses Einstimmungsritual, indem du wieder über die Schwelle steigst. Bedanke dich bei der Natur und den Begleitern aus der Geistigen Welt, und nimm deine Erfahrungen mit nach Hause. Schreibe alles in dein Tagebuch, oder tausche dich über deine Erlebnisse mit einem anderen Menschen aus.

Manche Schattenthemen kannst du vielleicht nicht einfach loslassen. Dann ist es hilfreich, dir dein Thema regelmäßig anzuschauen und einen inneren Dialog dazu zu führen. Du kannst dies auch in der Natur machen, ein Baum oder ein anderes Naturwesen kann dabei dein Zuhörer sein und dir vielleicht Antworten geben.

Das *Ritual* der
DREIZEHN WÜNSCHE

»Ich vertraue auf meine Intuition.«

Dieses Ritual ist wohl das bekannteste für die Zeit der Rauhnächte. Du solltest die Vorbereitungen unbedingt in der Zeit vor den Rauhnächten machen, denn in den magischen Nächten geht es nur um die Erfüllung. Ich selbst praktiziere dieses Ritual seit vielen Jahren und möchte es dir unbedingt ans Herz legen. Als Einstimmung kannst du die Sinneszauberübung zum Sechsten Sinn machen.

Sinneszauber

DER SECHSTE SINN

Material: kleine Zettel, Stifte

Der Sechste Sinn gehört nicht zu den klassischen Sinnen, und dennoch ist er vielen Menschen ein Begriff. Wir verstehen darunter eine außersinnliche Wahrnehmung – auch »Intuition« genannt. Vielleicht kennst du das Gefühl, dass du aus dem Bauch heraus etwas weißt, ohne sagen zu können, woher. Für das Ritual der dreizehn Wünsche ist es hilfreich, wenn du dich mit diesem Sechsten Sinn verbindest.

Schreibe auf, was du dir heute Gutes tun könntest, z. B. ein langer Spaziergang, Zeit für ein Telefonat, ein guter Film, ein erholsames Bad, der Besuch eines Freundes, eine wohlschmeckende Tasse Tee, ein leckeres Essen … Nutze dafür verschiedene Zettel, und notiere auf jedem Zettel ein Vorhaben. Mische die Zettel, und verteile sie mit der Schrift nach unten auf dem Boden. Stelle dich an einen Platz inmitten der Zettel, und schließe für einen Moment die Augen. Lege deine Hände auf deinen Bauch, und atme dorthin ein. Verbinde dich mit deiner Intuition, und stelle dich nacheinander auf alle Zettel. Achte darauf, was du wahrnimmst. Dein Sechster Sinn wird dir vermutlich bei einem Zettel ein besonderes Gefühl schenken. Schaue nach, was auf diesem Zettel steht, und schenke dir diese kleine Auszeit, deine Me-Time. Sollte das besondere Gefühl ausbleiben, ist das überhaupt kein Problem. Nimm alle Zettel in die Hand, mische sie, und ziehe intuitiv einen davon.

Ritual

der dreizehn Wünsche

Thema:	Dreizehn Wünsche für das nächste Jahr
Wirkung:	sich der eigenen Wünsche bewusst werden
Dauer:	60 Minuten
Material:	kleine Zettel, ein Stift, ein Briefumschlag oder ein kleines Kästchen, eine Sitzunterlage
Ort:	überall

Unternimm einen Spaziergang, und schaue dich dabei in Ruhe um. Sammle alle Dinge und Naturgegenstände ein, die dich anziehen. Du musst in diesem Augenblick noch nicht wissen, welche Bedeutung sie haben.

Suche dir dann einen gemütlichen Platz in der Natur, und lege deine Gegenstände um dich herum aus. Nimm sie nacheinander in die Hände, ertaste sie, rieche vielleicht an ihnen, und prüfe für dich bei jedem Gegenstand, ob er ein Stellvertreter für einen deiner Wünsche für das nächste Jahr sein kann. Sollte dies der Fall sein, schreibe deinen Wunsch auf einen Zettel. Achte darauf, dass der Wunsch positiv for-muliert ist, also so, als ob er schon in Erfüllung gegangen ist, z. B. »Ich habe jeden Tag fünfzehn Minuten Zeit, die ich ganz für mich nutze«.

Verfahre auf diese Weise mit allen Gegenständen, die du gesammelt hast, bis du dreizehn Zettel beschriftet hast. Solltest du mehr Wünsche haben, sortiere die eher unwichtigen aus. Aus deinen Gegenständen kannst du ein Zukunftsbild gestalten, oder du verteilst sie sorgsam wieder in der Natur.

Lege die Zettel mit deinen Wünschen in ein schönes Kästchen oder in einen Briefumschlag, und ziehe in den Rauhnächten jeden Abend einen Zettel. Verbrenne ihn, ohne ihn zu lesen, und lasse dich überraschen, welcher Wunsch übrig bleibt. Um diesen wirst du dich im neuen Jahr selbst kümmern. Deine anderen Wünsche gibst du an das Universum ab und darfst vertrauen, was im kommenden Jahr geschehen wird.

Variation:

Du kannst auch zwölf Vorhaben für das kommende Jahr auf verschiedene Zettel schreiben und diese in einem Gefäß oder einer Kiste aufbewahren. Ziehe dann jeden Monat einen Zettel, und kümmere dich in diesem Monat darum, dein Projekt oder deine Idee in die Tat umzusetzen.

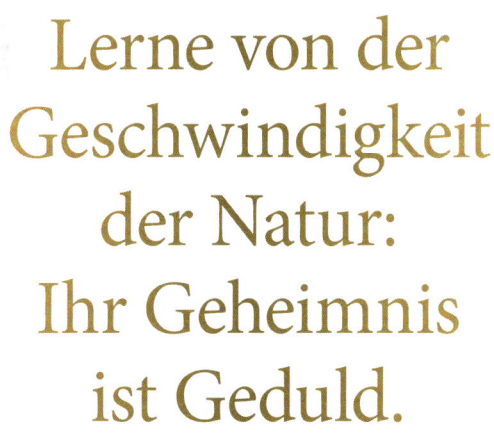

Lerne von der
Geschwindigkeit
der Natur:
Ihr Geheimnis
ist Geduld.

RALPH WALDO EMERSON

Naturimpulse
ZU DEN
12 RAUHNÄCHTEN

»Sage es mir, und ich werde es vergessen.
Zeige es mir, und ich werde es vielleicht behalten.
Lasse es mich tun, und ich werde es können.«

Konfuzius (chinesischer Philosoph, 551–479 v. Chr.)

Mit diesem Spruch von Konfuzius lade ich dich ein, die Naturimpulse, die Sinneszauberübungen und die Übungen zum
gemeinsamen Erleben in den Rauhnächten durchzuführen.
Ich wünsche dir ein tiefes Erleben der Natur und Momente, die
du als besonders und heilig empfindest und die dir wertvolle
Impulse für dein Leben schenken.

(24./25. Dezember)

1. RAUHNACHT

MONAT: JANUAR

Tag der Wurzeln, der Basis
und der Ahnen

»Meine Familie und meine Freunde respektieren
und lieben mich so, wie ich bin.«

In der ersten Rauhnacht beschäftigen wir uns mit unserer Basis.
Unsere Wurzeln sind ein wichtiger Ausgangspunkt für die Arbeit
in den Rauhnächten. Denn je bewusster wir uns unser selbst
sind, desto leichter fällt es uns, unser Leben wertzuschätzen.
Für die Momente im Leben, in denen wir uns entwurzelt oder
haltlos fühlen, ist es ein Geschenk, dass wir uns auf unsere
Ahnen zurückbesinnen können. Auf diese Weise machen wir uns
unsere Herkunft wieder bewusst, und wir können uns angebunden fühlen. Unsere Ahnen haben uns vielerlei Dinge vererbt,
von Normen und Werten bis hin zu Talenten oder Eigenschaf-
ten, und alles, was sie erlebt haben, kann in unserem Leben eine
große Rolle spielen. Für das eigene ganzheitliche Erleben und
Wahrnehmen ist es immer wieder hilfreich, sich diese Umstände
klarzumachen. Folgende Fragen mögen dich inspirieren, deine
Wurzeln zu erforschen:

» Was hat dich im Leben geprägt, und worauf kannst du
  zurückgreifen?
» Was sind deine Wurzeln, die dir im Leben Halt geben?
» Verleihen deine Wurzeln dir Flügel?
» Wie gehst du in die Welt: zaghaft oder beflügelt?
» Möchtest du über dich hinauswachsen, oder hemmt dich
  die Angst vor Entwurzelung?
» Von wo kommst du, und wohin gehst du?

Sinneszauber

TASTSINN

Den ganzen Tag arbeitet unser Tastsinn auf Hochtouren, ohne dass uns dies klar ist. Unsere Hände halten, tragen, tippen, schneiden und führen viele weitere Tätigkeiten durch. Selten halten wir inne, um unsere Umgebung bewusst zu ertasten. Heute möchte ich dir eine Übung mit auf deinen Weg geben, die nicht nur deinen Tastsinn anregt, sondern auch eine Wohltat für deine Füße und somit für dein ganzes Selbst ist.

Ertaste mit deinen Händen deine Füße, und schenke ihnen deine volle Aufmerksamkeit. Deine Füße tragen dich den ganzen Tag und stellen deine Basis dar. Knete und massiere jeden einzelnen Zeh auf deine Art und Weise, sodass es sich angenehm anfühlt. Streiche sie am Ende von unten nach oben aus, so, als ob du sie vorsichtig länger ziehen wolltest. Massiere die Sohlen, indem du zuerst eine Hand zu einer Faust ballst und mit ihr über die Unterseite deiner Füße fährst und dies danach mit deinem Daumen wiederholst. Dehne als Nächstes deine Fußquergewölbe. Dazu ziehst du mit beiden Händen die Fußaußenkante runter und hoch. Zum Abschluss kannst du den ganzen Fuß noch einmal von den Zehen in Richtung Bein ausstreichen – auch das natürlich bei beiden Füßen.

Sollte dir diese Fußmassage gutgetan haben, könnte auch die Arbeit mit Fußreflexzonen etwas für dich sein. Dazu gibt es zahlreiche Literatur, und auch im Internet wirst du fündig.

Naturimpuls

Thema: Beschäftigung mit der eigenen Basis, den Wurzeln
Wirkung: eine Rückschau halten
Dauer: 60 Minuten
Material: dein Tagebuch, ein Stift, eine Sitzunterlage
Ort: überall

Gehe hinaus in die Natur, und schaue, was du brauchst, um gut anzukommen. Vielleicht möchtest du zuerst einige Atemübungen machen oder etwas meditieren. Suche danach einen Baum, dessen Wurzeln du gut erkennen kannst. Gehe zu diesem Baum, und nimm auf deine Weise Kontakt mit ihm auf. Vielleicht willst du ihn dir erst einmal genau anschauen, bevor du dir einen Sitzplatz in der Nähe seiner Wurzeln suchst. Sobald du sitzt, ertaste mit deinen Händen die Wurzeln, und spüre, wie sie den Baum tragen. Stelle dir vor, dass dieser Baum schon etliche Jahre dort steht und sehr viel erlebt hat.

Übertrage deine Gedanken auf dich selbst, und frage dich, was deine Wurzeln im Leben sind:

» Wer von deinen Mitmenschen gibt dir Halt?

» An wen kannst du dich jederzeit wenden?

» Was hast du beispielsweise von deinen Eltern übernommen, was dir auch heute noch Halt und Stabilität gibt?

» Welche deiner eigenen Ressourcen geben dir Kraft?

» In welche Lebensbereiche möchtest du vielleicht etwas Licht und Energie schicken, um sie zu beleben?

» Welche Bereiche kannst du für diesen Moment vernachlässigen?

Vielleicht möchtest du dem Baum auch deine Gedanken erzählen und dich überraschen lassen, ob du eine Antwort erhältst, die für dich bedeutungsvoll ist. Schreibe alles, was dir wichtig erscheint, in dein Tagebuch, und dann überlege, was davon dich berührt. Welche Wurzeln möchtest du stärken? Was kannst du in den folgenden Wochen tun, um Licht und Energie in einen deiner Lebensbereiche zu senden? Überlege dir dazu eine kleine Aktion. So kannst du z. B. jeden Tag eine kurze Yoga- oder Atemübung machen, und auch der Besuch bei einem Familienmitglied, z. B. deinen Großeltern oder einer Tante, kann eine solche Aktion sein.

Lasse dann alle deine Gedanken los, und versuche, für einen Augenblick alles an dir vorbeiziehen zu lassen und nichts mehr zu tun. Stelle dir vor, dass du ähnlich wie die Natur im Winter in einem Ruhemodus bist. Achte darauf, was dir in diesem Augenblick guttut. Vielleicht möchtest du einfach deinen Atem verfolgen oder deinem Herzschlag zuhören. Verbinde dich mit deinem inneren Ruhepol, und spüre nach, wo du ihn in deinem Körper am stärksten wahrnimmst. Lege eine Hand dorthin, und atme einige Male in diesen Bereich. Auf diese Weise verankerst du das Gefühl an der Stelle und kannst dich jederzeit daran erinnern. Versuche, dies in deinem Alltag weiter zu üben, um innerlich immer wieder ganz ruhig zu werden. Erinnere dich auch an die kleine Aktion, die du dir überlegt hast, und setze sie um.

Übung
zum gemeinsamen Erleben

Thema: Beschäftigung mit den eigenen Wurzeln
Wirkung: einander besser kennenlernen, entspannen
Dauer: 70 Minuten
Material: ein Tagebuch, Stifte, eine Sitzunterlage
Ort: überall

Als Einstieg für diese Übung in der Natur empfehle ich euch, dass jeder seine Aufmerksamkeit auf seine Basis lenkt. Dazu massiert ihr einander die Füße so, wie es für den anderen angenehm ist. Dies dient der Entspannung, und ihr kommt miteinander und mit euren jeweiligen Wurzeln auf besondere Weise in Kontakt. Unsere Füße repräsentieren unsere Basis und tragen uns täglich überallhin, mit diesem Ritual wertschätzt ihr sie.

Vielleicht reicht bereits diese Fußmassage als Impuls, damit ihr euch über eure Wurzeln und eure Ahnen austauscht. Ihr könnt einander die Fragen aus der Einleitung zu dieser Rauhnacht vorlesen und beantworten. Einer ist dabei der Sprecher, der andere hört mit seiner ganzen Aufmerksamkeit zu. Dann wechselt ihr. Es ist auch möglich, dass einer die Fragen für den anderen beantwortet und beschreibt, auf welche Wurzeln der Übungspartner aus seiner Sicht zurückgreift. Auf diese Weise könnt ihr herausfinden, wie gut ihr einander kennt. Der Zuhörer kann die Antworten des anderen innerlich in seine verschiedenen Schatzkästchen einsortieren. Danach könnt ihr wechseln oder euch miteinander austauschen.

Solltet ihr lieber eine Übung draußen in der Natur machen wollen, packt alles für euch Notwendige ein, und geht los. Auf dem Weg in die Natur kann sich jeder noch einmal Gedanken zu seinen Wurzeln machen. Findet für alles, was euch in diesem Zusammenhang wichtig erscheint, einen Gegenstand aus der Natur oder auch einen Platz. Jeder Übungspartner bleibt bei diesem Prozess ganz bei sich. Er gestaltet auch den Platz mit den Gegenständen so, wie es für ihn stimmig ist. Im nächsten Schritt erzählt ihr einander mithilfe der Naturmaterialien, was euch zu diesem Thema als wesentlich erscheint.
Als Variante könnt ihr auch folgendermaßen vorgehen: Einer von euch erzählt dem Übungspartner alles, was er zu dessen Gegenständen oder seinem Platz denkt, ohne dass ihr vorher darüber gesprochen habt. Der Zuhörer kann das Gesagte wieder in seine Schatzkästchen einsortieren und dem anderen mitteilen, was in welches Kästchen kommt. Lasst euch überraschen, welche Erkenntnisse ihr bei diesem Austausch gewinnt.

Überlegt in einem zweiten Schritt, was ihr euch von eurem Übungspartner zum Thema »Wurzeln« wünscht. Das kann z. B. eine weitere Fußmassage sein oder ein Gespräch über ein spezielles Thema. Wie kann der andere dich unterstützen? Was kannst du tun, um ihm Halt zu geben? Nehmt euch für das nächste Jahr etwas vor, was hilft, dieses Thema weiter zu stärken. Ihr könnt dies dann im Januar umsetzen oder wiederholen. Um das Vorhaben weiter zu festigen, wäre es gut, es für euch aufzuschreiben, vielleicht in einem gemeinsamen Tagebuch.

(25./26. Dezember)

2. RAUHNACHT

MONAT: FEBRUAR

Tag des Höheren Selbst und
der inneren Führung

»Meine Entscheidungen folgen
meiner inneren Führung und
dienen meinem Wachstum.«

Heute begehen wir gemeinsam den Tag des Höheren Selbst.
An ihm kannst du dich mit dir selbst und deiner Intuition verbinden. Dadurch wird es dir zukünftig leichter fallen, dein Leben
in die Hand zu nehmen und selbstbestimmt deinen Weg zu
gehen. Oft ist unser Verhalten im Alltag geprägt von Anforde-
rungen anderer. Dadurch entfernen wir uns von eigenen Ideen
oder führen ein Leben, das nicht mehr unseren Vorstellungen
entspricht. Je stärker aber dein Kontakt zu dir selbst ist und je
klarer du deinen eigenen Lebensweg vor Augen hast, desto
sichtbarer und spürbarer wirst du auch für dein Umfeld.
An diesem Tag lade ich dich ein, dir selbst vollkommen zu vertrauen und deiner eigenen Wahrheit zu folgen.

Sinneszauber

LEBENSSINN

Material: eine Unterlage oder Yogamatte

Wir beginnen unser Leben mit dem ersten Atemzug, und unser Atem begleitet uns bis zu unserem Lebensende. Mit jedem Einatmen nehmen wir frische und sauerstoffreiche Luft in uns auf, und mit jedem Ausatmen geben wir verbrauchte Luft ab. Diesen Vorgang wiederholen wir in der Regel zwölf- bis fünfzehnmal in der Minute. Sobald wir jedoch Stress haben, wird unsere Atmung zu schnell und zu flach, wodurch weniger Sauerstoff in unseren Körper gelangt, und das wirkt sich u. a. auf unseren Stoffwechsel oder die Qualität unseres Schlafs aus. Der Atem ist unser wichtigstes Lebenselixier und eine wertvolle Kraftquelle.

Nimm heute deine Atmung wahr, und lerne, sie zu steuern. Durch achtsames Atmen kannst du dich beruhigen, entspannen und dir deiner selbst bewusst werden. Wenn du auf deinen Atem achtest, konzentrierst du dich ganz auf dich selbst und kannst auch deinen Lebenssinn wahrnehmen. Mit den folgenden zwei Atemübungen ist es dir möglich, das bewusste Atmen jederzeit in deinen Alltag einzubauen. Wähle für beide Übungen eine Position, in der du dich wohlfühlst.

Die **erste Atemübung** kannst du im Sitzen, Stehen oder Liegen machen. Bei ihr atmest du in Ruhe tief ein und zählst dabei bis vier. Halte dann deinen Atem für einen Augenblick, bevor du wieder ausatmest. Zähle beim Ausatmen wieder bis vier oder fünf. Du kannst beim Zählen so variieren, dass es für dich stimmig ist, z. B. zunächst beim Einatmen nur bis drei zählen und die Länge allmählich steigern. Im Alltag kannst du diese Übung nutzen, um zur Ruhe zu kommen und deinen Atem zu beruhigen. Mache sie einfach so lange, wie es für dich passt.

Die **zweite Atemübung** solltest du im Liegen durchführen. In ihr geht es darum, dass du einzelne Körperbereiche beatmest. Stelle dir beim Einatmen den Buchstaben A vor, und lenke deinen Atem in den Brustbereich. Stelle dir beim Ausatmen den Buchstaben H vor, und fühle, wie dein Atem fließt. Wiederhole dies einige Male, bevor du deine Aufmerksamkeit auf deinen oberen Bauchraum lenkst.
Stelle dir nun beim Einatmen ein O vor, und atme wieder mit einem H aus. Spüre, wie sich deine Bauchdecke hebt und senkt. Beatme auf diese Weise ein paarmal deinen Bauch.
Lenke dann deine Atmung in deinen unteren Bauch, und stelle dir dabei ein U vor. Achte auch darauf, wie weit du deinen Atem in Richtung deiner Füße lenken kannst. Atme wieder mit einem

H aus. Beatme deinen unteren Bauch und deinen Unterkörper auf diese Weise einige Male.

Wechsle als Nächstes mit deiner Aufmerksamkeit in deinen Halsbereich. Atme mit einem E in den Hals und mit einem H wieder aus. Wiederhole auch dies ein paarmal.

Konzentriere dich dann auf deinen Kopf. Lenke deinen Atem einige Male mit einem I in den Kopf, und atme mit einem H wieder aus.

Beende die Übung, indem du zum Abschluss noch etwas in den Bereich atmest, der dir am angenehmsten ist.

Ich wünsche dir viel Spaß mit den Atemübungen. Gönne dir auch in Zukunft immer wieder Momente, in denen du dich ganz auf deinen Atem konzentrierst und zur Ruhe kommen kannst. Stelle dir beim Einatmen vor, dass du Kraft und Energie aufnimmst, während du beim Ausatmen alles loslässt, was dich belastet.

Naturimpuls

Thema: Vertrauen in die innere Führung
Wirkung: sich mit der Intuition verbinden
Dauer: 30 Minuten
Material: dein Tagebuch, Stifte, ein Schal oder
eine Augenbinde
Ort: ein Ort ohne Hindernisse

Suche dir in der Natur einen Ort, der gut begehbar ist und an dem es keine Hindernisse gibt. Versuche, dich mit jedem Schritt dorthin ein wenig mehr vom Alltag zu befreien, und mache dir bewusst, dass du jetzt einmal Zeit nur für dich hast. Vielleicht möchtest du dich auch zuerst ganz mit deinem Atem verbinden oder den Geräuschen der Natur lauschen.

Wenn du das Gefühl hast, gut angekommen zu sein, verbinde deine Augen mit dem Schal oder der Augenbinde oder mache sie für diese Übung einfach zu. Vertraue dich nun deiner inneren Führung, deiner Intuition, an, und versuche, dich an diesem Ort fortzubewegen, ohne zu wissen, wohin du deine Schritte setzt. Sei dabei ganz achtsam, und folge deinem Höheren Selbst. Als Unterstützung kannst du gern deine Hände nutzen und sie vor dich halten, damit du dich nicht an Bäumen oder Zweigen verletzt. Versuche, für einen längeren Zeitraum deinen Weg zu erspüren und zu ertasten. Deine Sinne werden dich unterstützen, und deine Intuition wird dir den Weg weisen. Bleibe immer wieder stehen, und lausche den Geräuschen, oder ertaste alles in deiner Umgebung. Irgendwann spürst du, dass der Moment gekommen ist, an dem du die Augen öffnen möchtest. Lasse dir dabei Zeit, und richte dich vorher so aus, wie es sich für dich richtig anfühlt.

Öffne dann die Augen, und schaue, wohin deine Intuition dich geführt hat. Was fällt dir an diesem Ort zuerst auf? Was hat es mit dir und deinem Leben zu tun? Erinnert es dich vielleicht an eine Situation aus der Vergangenheit? Steht dieser Ort stellvertretend für eine Vision, die du umsetzen möchtest? Nimm wahr, welche Fragen und Antworten du von diesem Platz erhältst. Schreibe alle wichtigen Dinge in dein Tagebuch, und finde auch einen Namen für deinen Ort oder einen Titel für diesen Moment. Vielleicht begleiten dich dieses Erlebnis und der Platz im nächsten Jahr noch weiter und offenbaren dir noch andere Erkenntnisse. Du kannst diese Übung jederzeit wiederholen.

Übung
zum gemeinsamen Erleben

Thema: Vertrauen in die innere Führung
Wirkung: sich der eigenen Intuition und dem Übungspartner anvertrauen
Dauer: 60 Minuten
Material: eine Decke als Unterlage, ein Schal oder eine Augenbinde
Ort: ein Ort ohne Hindernisse

Für diese Rauhnacht möchte ich euch wieder eine Einstiegsübung, das Partner-Atmen, mit an die Hand geben, die ihr vor oder auch nach eurem Gang in die Natur machen könnt. Dazu legt sich einer mit dem Rücken auf den Boden, der andere platziert eine Hand auf dem Bauch des Liegenden. Nun versucht der Liegende, in die Hand des Übungspartners zu atmen. Der Partner unterstützt dies, indem er seine Hand im Rhythmus des Atems des Liegenden etwas anhebt und wieder senkt. Wechselt dann die Rollen, und beginnt erst danach mit der eigentlichen Übung in der Natur.

Diese Einstiegsübung dient dazu, dass der Liegende ruhig und entspannt wird und sich ganz mit seinem Bauch, dem Sitz seiner Intuition, verbinden kann. Für die folgende Übung in der Natur ist es hilfreich, Kontakt mit der inneren Führung herzustellen. Sie unterstützt euch dabei, eurer Intuition zu vertrauen und folgen.

Sucht euch einen Ort, an dem ihr bequem gehen könnt und der keine Hindernisse bereithält. Nehmt euch Zeit, gut in der Natur anzukommen. Dann verbindet sich einer die Augen oder schließt sie für den Rest der Übung. Er vertraut sich seiner inneren Führung an und geht eine längere Zeit achtsam an diesem Ort seinen Weg. Immer wieder bleibt er stehen und lauscht den Geräuschen. Der Übungspartner ist in dieser Zeit sein Begleiter und Zeuge. Er unterstützt, trägt dafür Sorge, dass der, der seiner Intuition folgt, sich nicht verletzt, und greift unter Umständen in das Geschehen ein. So ist sichergestellt, dass ihr euch bei der Übung ganz auf euch selbst konzentrieren könnt.

Sobald derjenige, der »blind« ist, von seiner inneren Stimme an seinen Platz geführt worden ist, an dem er die Augen öffnen möchte, kann der Übungspartner erzählen, was er dort sieht. Ihr könnt dies auch variieren, sodass zuerst der »Blinde« die Augen öffnet und interpretiert, was der Ort mit seinem Leben, seiner Vergangenheit oder seinen Visionen zu tun hat. Erst danach berichtet der Übungspartner, was er darüber denkt, und das Gesagte wird reflektiert.

Dann wechselt ihr die Rollen, und der andere macht die Übung. Vermittelt am Ende einander die Essenz des Erlebten, bedankt euch beieinander, und schreibt alles, was euch wichtig erscheint, in euer Tagebuch oder jeder in sein eigenes.

Variation:

Ihr könnt das gemeinsame Erleben auch so gestalten, dass der Begleiter den »Blinden« zu einer Stelle führt, die er für ihn intuitiv ausgesucht hat. Dort öffnet der Partner die Augen und schaut, was dieser Ort mit ihm zu tun hat. Gemeinsam reflektiert ihr, welche Gegenstände bedeutsam sind bzw. was die Natur spiegelt.

(26./27. Dezember)

3. RAUHNACHT

MONAT: MÄRZ

Tag der Selbstliebe

AFFIRMATION:

»Ich nehme mich so an, wie ich bin.«

Der wichtigste Mensch in deinem Leben bist du. Dass wir im Mittelpunkt unseres Lebens stehen, vergessen wir leider allzu oft. Häufig sind die Kinder wichtiger oder der Partner. Auch für die Arbeit opfern wir uns auf oder sind jederzeit fürsorglich für unsere Freunde da. Wenn wir uns und unsere Bedürfnisse vernachlässigen, ist es auf Dauer gesehen jedoch schwierig, auch für andere Menschen da zu sein.

Heute stehst einmal allein du im Fokus. Ich möchte dich einladen, dich mithilfe der Natur dir selbst zuzuwenden und zu lernen, dich zu lieben und so anzunehmen, wie du bist. Dies ist der erste Schritt, wenn du Selbstliebe leben willst. Wenn sie fest in dir verankert ist, wird dein Herz ganz weit, und dann strahlt deine Liebe auch für alle Menschen um dich herum.

Sinneszauber

EIGENBEWEGUNGSSINN

Material: Papier, Stifte

Mit dem Eigenbewegungssinn nimmst du dich über deine Bewegungen wahr. Im heutigen Sinneszauber möchte ich dir ein kleines Experiment vorschlagen, durch das du vielleicht erkennst, wie vertraut dir dein Eigenbewegungssinn bereits ist.

Nimm ein Blatt Papier und einen Stift. Stelle dir vor deinem inneren Auge eine Form vor, die du auf das Papier übertragen möchtest. Nun schließe die Augen, und beginne, zu zeichnen. Lasse dich überraschen, welche Form entsteht. Dann öffne deine Augen. Versuche, dein Ergebnis nur anzunehmen, aber nicht zu bewerten.

Du kannst dies auch variieren, indem du dich ganz deinem Körper anvertraust, die Augen schließt und intuitiv etwas zeichnest, ohne eine bestimmte Form im Kopf zu haben. Betrachte dein Bild im Anschluss, vielleicht hält es eine Botschaft für dich bereit.

Sollte es heute geschneit haben, zeichne im frisch gefallenen Schnee. Auch Sand und lockere Erde eignen sich für diese Übung. Bei allen Bewegungen, die wir blind durchführen, ist unser Eigenbewegungssinn gefragt. Ihn zu schulen, ist vor allem für unsere Koordination im Leben wichtig.

Naturimpuls

In der heutigen Übung geht es darum, dass du dir selbst in Liebe begegnest. Suche dir einen Ort in der Natur, der möglichst ruhig ist und an dem du allein bist. Mache es dir dort ganz bequem, und schließe für einen Augenblick die Augen. Sobald der Impuls da ist, öffne die Augen, und lasse dich überraschen, worauf dein Blick zuerst fällt. Versuche, dieses Bild zu halten und dich meditativ in es hineinsinken zu lassen. Betrachte es voller Liebe und Bewunderung für die Natur. Spüre auch, wie dein Herz immer weiter wird und sich mit Liebe füllt. Sollte deine Aufmerksamkeit woandershin wandern, kehre immer wieder liebevoll zu deinem Bild zurück. Achte darauf, was du siehst und welches Gefühl es in dir auslöst.

Schließe erneut deine Augen, und richte deinen liebevollen Blick tief aus dem Herzen auf dich selbst. Sollte dir das schwerfallen, öffne die Augen, und schaue einen

Körperteil von dir an, z. B. deine Hände. Vielleicht kannst du dir auch vorstellen, dass du dich von oben betrachtest. Oder du kommst ganz fürsorglich mit dir selbst in Kontakt, indem du mit deinen Händen dein Gesicht berührst oder liebevoll deine Knie streichelst.

Wenn du möchtest, führe dies einige Male durch und finde immer wieder den Weg zu dir selbst zurück. Lege zum Abschluss ein Symbol aus Materialien, die du an deinem Ort findest und die deine Selbstliebe widerspiegeln. Du kannst als Alternative dazu etwas in den Schnee malen oder in dein Tagebuch schreiben. Schön ist es zudem, wenn du eine Affirmation findest, die deine Selbstliebe tief in dir verankert.

Denke auch in Zukunft daran, dir Momente zu erlauben und zu nehmen, in denen du dich ganz liebevoll in den Mittelpunkt deines Lebens rückst. Das kann bereits am Morgen sein, wenn dein Blick in den Spiegel fällt. Schenke dir dann ein zauberhaftes Lächeln, nicke dir liebevoll zu, oder sprich deine Affirmation.

Übung
zum gemeinsamen Erleben

Thema: bedingungslose Liebe für sich selbst und andere

Wirkung: die Verbindung zueinander stärken

Dauer: 40 Minuten oder länger

Material: ein großes Blatt Papier, Malsachen wie Buntstifte, Bleistifte, Kreide, Wasserfarben, ein Smartphone oder ein Fotoapparat

Ort: zu Hause oder ein ruhiger Ort in der Natur

Dieses besondere Experiment zum Tag der Selbstliebe könnt ihr zu Hause oder draußen in der Natur machen. Wollt ihr drinnen bleiben, nehmt ein großes Blatt Papier und mehrere Malstifte, Wasserfarben oder etwas anderes, womit ihr kreativ sein wollt. Setzt euch einander gegenüber an einen Tisch, und gestaltet zusammen ein Bild. Besprecht euch dabei nicht darüber, was ihr mit diesem Bild ausdrücken wollt. Die Selbstliebe und die bedingungslose Liebe zum anderen begleiten euch dabei. Vielleicht möchte jeder nur in seiner Hälfte malen, oder ihr dreht das Bild nach einer Weile und zeichnet auch im Bereich des anderen.

Erzählt einander zum Abschluss der Übung, wie es euch beim Malen ergangen ist, und findet gemeinsam einen Titel für euer Bild. Die Art und Weise, wie ihr zusammengearbeitet habt, kann euch einen Hinweis darauf geben, wie ihr im Alltag miteinander

umgeht. Denkt auch darüber nach, wie ihr einander in Zukunft liebevoller und achtsamer begegnen wollt.

Diese Übung lässt sich genauso gut in der Natur durchführen. Dabei erstellt ihr gemeinsam ein Bild aus Naturmaterialien, die ihr an einem Ort findet, an dem ihr euch wohlfühlt. Besprecht im Vorfeld wieder nichts, außer den Zeitraum, den ihr euch für das Gestalten des Bildes nehmen wollt. Im Anschluss daran könnt ihr einander erzählen, was ihr im Bild seht und welche Gefühle sich darin ausdrücken.

Macht vielleicht ein Foto von eurem Naturbild, das ihr in eurem gemeinsamen Zuhause oder jeder bei sich aufhängen könnt. Auf diese Weise erinnert ihr euch immer daran, wie ihr miteinander umgehen wollt. Findet kleine Rituale für den Alltag, in denen ihr die Liebe zu euch selbst und die Verbindung zueinander zum Ausdruck bringt.

(27./28. Dezember)

4. RAUHNACHT

MONAT: APRIL

Tag der Vergebung

»Ich vergebe mir und meinen Mitmenschen.«

Heute geht es darum, dass du dich deinen Gedanken und Gefühlen zuwendest. Welche Anschuldigungen spürst du in dir, wofür gibst du anderen Menschen die Schuld? Welchen Ärger schluckst du schon eine Weile herunter? Was belastet dich so sehr, dass es dir auf dein Gemüt schlägt?

Heute ist der Tag der Vergebung, ein Tag, um versöhnlich mit all diesen Dingen umzugehen. Frage dich, was du dir selbst vergeben möchtest. Welche Ereignisse begleiten dich und lassen dich dich schuldig fühlen? Was konkret möchtest du auch einem anderen Menschen vergeben? Es ist gut, immer wieder innezuhalten und zu prüfen, welche Anschuldigungen du loslassen kannst. Die Energie, die durch das Loslassen frei wird, kannst du dann für dich selbst nutzen.

Sinneszauber

GLEICHGEWICHTSSINN

Momente, in denen wir aus dem Gleichgewicht geraten, können uns im Leben sowohl auf unseren Körper als auch auf unser seelisches Empfinden bezogen treffen. Da Körper und Geist einander immer beeinflussen, können wir unsere innere Balance leichter wiedererlangen, wenn wir unser äußeres Gleichgewicht schulen.

Suche dir für diese Übung in der Natur einige Steine, und staple sie aufeinander zu einem Steinmännchen. Stelle dich dann vor deinem Steinmännchen auf ein Bein, und platziere die Fußsohle des anderen Beins am Oberschenkel des Standbeins. Lege deine Handflächen vor der Brust aneinander. Atme gleichmäßig weiter, und wechsle nach einigen Sekunden das Standbein. Führe diese Balanceübung auf jeder Seite dreimal durch.
Stelle dir vor, wie du auch innerlich ins Gleichgewicht kommst, wenn du genauso stabil wie dein Steinmännchen im Leben stehst. Visualisiere dein Steinmännchen in Momenten, in denen du im Alltag aus dem Gleichgewicht gerätst. Führe dann die Balanceübung durch, und lasse dich überraschen, was sich dadurch ändert. Du kannst das Balancieren auch beim Kochen oder Warten auf den Bus trainieren. Mit der Zeit wirst du feststellen, dass sich dein Gleichgewichtssinn verbessert und du innerlich ausgeglichener bist.

Naturimpuls

Thema:	Vergebung
Wirkung:	Groll und Anschuldigungen an andere loslassen
Dauer:	60 Minuten
Material:	dein Tagebuch, Stifte, kleine Zettel, ein Sitzkissen, evtl. eine kleine Feuerschale, Streichhölzer
Ort:	überall

An diesem Tag hast du die Chance, Anschuldigungen an andere Menschen oder Ärgernisse, die dich belasten, aufzulösen bzw. loszulassen. Nimm alles, was du brauchst, in deinem Rucksack mit, und wandere in der Natur. Auf der ersten Wegstrecke reflektierst du, welche Ärgernisse und Anschuldigungen du in dir verspürst. So kann es sein, dass du dich über eine bestimmte Person ärgerst, die immer wieder die gleichen Dinge anspricht, aber nicht ausführt. Erforsche, was genau du in dir trägst.

Suche dir einen Ort, an dem du diese Ärgernisse und Anschuldigungen jeweils einzeln auf kleine Zettel schreibst oder für sie stellvertretende Naturgegenstände sammelst. Stelle dir dabei vor, wie du dich von allen Gegenständen oder Dingen befreist, die du auf deine Zettel geschrieben hast. Nutze dafür eines der vier Elemente. Vielleicht möchtest du die Zettel oder Naturgegenstände vergraben, verbrennen, ins Wasser werfen oder vom Wind wegwehen lassen. Vertraue auf die transformierende Kraft der Elemente, und verabschiede dich von deinem Ärger. Mache

dir bewusst, dass nur du selbst für dein Leben verantwortlich bist. Deine Freude und deine Zufriedenheit im Leben hängen nicht von anderen Menschen ab, sondern von dir selbst.

Finde am Ende eine Möglichkeit, wie du dich an diese Form des Vergebens erinnern kannst und sie mindestens achtundzwanzig Tage weiter übst. So kannst du z. B. immer, wenn du im Alltag merkst, dass du eine Anschuldigung in dir trägst, diese notieren, dir selbst vorlesen und herausfinden, was dein Anteil daran sein könnte.

Mache dir dann bewusst, dass du die Situation auflösen kannst, indem du deine Perspektive änderst. Betrachte dein Gegenüber hierfür z. B. mit dem liebevollen Blick, den du in der dritten Rauhnacht geübt hast, oder schaue nach dem positiven Geschenk, das sich hinter der Anschuldigung verbirgt. Einem

Freund vorzuwerfen, dass er zu wenig Zeit für dich hat, könnte dir umgekehrt zeigen, dass er sich genug Zeit für sich selbst nimmt. Du kannst einem anderen deinen Groll auch offenbaren, indem du ihm deine Situation so neutral wie möglich beschreibst. Schildere alles ohne jegliche Anschuldigung. Teile ihm danach deine Gefühle und auch deine Bedürfnisse mit, bevor du am Ende einen Wunsch an ihn äußerst. Sprich von dir selbst in Ich-Sätzen, nicht in Du-Anschuldigungen. Diese Vorgehensweise wurde von Marshall B. Rosenberg entwickelt und nennt sich »Gewaltfreie Kommunikation«.

Aus meiner Sicht lohnt es sich für ein besseres Miteinander sehr, sich mit diesem Konzept tiefer auseinanderzusetzen. Das folgende Beispiel möchte ich dir zum leichteren Verständnis mitgeben:
Stelle dir vor, dass deine beste Freundin dich versetzt hat, ohne dir eine Erklärung dafür zu geben. Da dies zum wiederholten Mal vorgekommen ist, bist du sehr enttäuscht und wütend. Dein Bedürfnis ist, dass du ihre Abwesenheit verstehen möchtest, und dein Wunsch ist, dass du ernst genommen wirst und dass deine Freundin mit dir redet. Wenn du ihr dies mitteilst, statt ihr vorzuwerfen, dass sie dich immer versetzt, werdet ihr sicherlich viel leichter eine Lösung für die Situation finden.

Übung
zum gemeinsamen Erleben

Thema: Vergebung
Wirkung: Anschuldigungen und Ärgernisse auflösen
Dauer: 70 Minuten
Material: kleine Zettel, Stifte
Ort: überall

Am heutigen Tag habt ihr die Möglichkeit, Dinge aufzulösen, die zwischen euch stehen und die euch unter Umständen belasten. Gestern habt ihr mit der Übung zur Selbstliebe und Liebe die Verbindung zwischen euch gestärkt, nun könnt ihr zu den Themen übergehen, die mit Anschuldigungen und Ärgernissen zu tun haben.

Zunächst reflektiert jeder für sich, welche Anschuldigungen er gegenüber dem anderen in der letzten Zeit ausgesprochen hat. Falls euch dazu nichts einfällt, überlegt im nächsten Schritt, welche Anschuldigungen der andere wahrscheinlich vorbringt. Überlegt außerdem, was euch geärgert hat, und schreibt alles auf kleinen Zetteln auf.
Während ihr in der Natur unterwegs seid, sucht ihr für alle Ärgernisse einen Gegenstand. Dann erzählt zunächst einer, welche Anschuldigungen er zurücknehmen möchte. Dafür kann es hilfreich sein, sich bewusst zu machen, was der eigene Anteil an diesem Thema ist. Um diesen Anteil zu beleuchten, kann

der Naturgegenstand behilflich sein. Nehmt ihn in die Hand, während ihr erzählt, und lasst euch inspirieren, was euer Anteil ist. So kann euch z. B. ein Stein an eure eigene festgefahrene Sichtweise erinnern. Nachdem der eine alle Ärgernisse angesprochen und der andere zugehört hat, wechselt ihr die Rollen. Nun erzählt der andere und zeigt seine Naturgegenstände. Vielleicht lösen sich durch dieses erste Gespräch bereits einige Ärgernisse und Anschuldigungen auf.

Schaut dann, was ihr noch nicht angesprochen habt und welche Themen auf den Zetteln noch übrig geblieben sind. Jeder ist nun aufgefordert, sich für ein Thema zu entscheiden, an dem er mit dem anderen arbeiten möchte. Um dieses Thema zu verdeutlichen, berichtet einer dem anderen so neutral wie möglich von der Situation, die ihn verärgert hat. Dann benennt er auch seine Gefühle, die ihn dabei begleitet haben.

Im dritten Schritt versucht er, das Bedürfnis zu finden und auszusprechen, das hinter dem Ärger liegt, es kann z. B. das Thema »nicht gesehen werden« sein. Dieser Schritt ist sicherlich nicht so einfach und erfordert eine gute Selbstreflexion.

Zum Abschluss kann er einen Wunsch an den Übungspartner richten, der vom anderen auch erfüllbar sein muss. Danach wird wieder gewechselt, und der Übungspartner ist an der Reihe und berichtet von der Situation, die ihn verärgert hat.

(28./29. Dezember)

5. RAUHNACHT

MONAT: MAI

Tag der Versöhnung

»Ich bin dankbar für alle
Begegnungen in meinem Leben.«

Nachdem es gestern um das Thema »Vergebung« ging, dreht sich in dieser Rauhnacht alles um die Versöhnung. Gehe dazu einmal in dich, und finde heraus, welche Menschen dir in deinem Leben wichtig sind. Überlege dann, ob es etwas gibt, was zwischen dir und einem deiner Lieben steht. Das kann ein Streit sein, der schon sehr lange her ist, oder eine Situation, in der du dich unwohl gefühlt hast. Genauso gut kann es sich um eine Situation aus deinem Berufsleben handeln. Jede Begegnung kann ein anderes Gefühl hervorrufen. Wir erinnern uns in der Regel ungern an die unschönen Begegnungen und möchten sie am liebsten aus unserem Leben streichen. Umso wichtiger ist, auch für diese Momente dankbar zu sein, da sie zu unserem Leben dazugehören und uns wichtige Impulse schenken können. Je dankbarer wir für alle Begegnungen sind, desto leichter erkennen wir den Sinn und das Geschenk in ihnen.

Auch wenn es vielleicht manchmal Streit zwischen dir und anderen gibt, schaffe heute einen Raum für Demut und Dankbarkeit für diese Menschen und eure Freundschaft.

Sinneszauber

GERUCHSSINN

Material: verschiedene ätherische Öle, Duftkerzen, Körperöle oder Räuchermischungen, Streichhölzer

Heute kannst du dich über deinen Geruchssinn selbst verzaubern. Sicherlich kennst du Momente in deinem Leben, in denen dich ein Geruch an ein besonders schönes Erlebnis erinnert. In unserem Alltag sind wir meist von bekannten Gerüchen umgeben. Sobald diese sich ändern, können sich auch unsere Gefühle wandeln. Angebrannte Milch riecht auf jeden Fall anders als eine Bienenwachskerze und löst auch eine andere Stimmung in uns aus.

Da jeder Mensch sehr unterschiedlich auf Gerüche reagiert, möchte ich dich heute einladen, selbst ein wenig zu experimentieren und herauszufinden, welcher Geruch dich besonders erfreut. Du kannst dafür Duftkerzen oder ätherische Öle benutzen. In den Rauhnächten bietet es sich auch an, die Wohnräume zu räuchern. Probiere unterschiedliche Räuchermischungen aus, und schaue, welche dir am angenehmsten sind. Alternativ dazu kannst du auch ein wohlriechendes Körperöl oder ein Parfüm einsetzen, um deinen Geruchssinn anzusprechen. Sei ganz frei, auszuprobieren und zu entscheiden, welcher der richtige Duft für heute ist. Genieße den Moment, wenn alles so wunderbar riecht.

Naturimpuls

Thema: Versöhnung
Wirkung: Dankbarkeit verspüren
Dauer: 60 Minuten
Material: dein Tagebuch, Stifte, ein Sitzkissen, ein Smartphone oder ein Fotoapparat
Ort: überall

In dieser Rauhnacht geht es um das Thema »Versöhnung«. Nachdem du gestern alle Anschuldigungen und Ärgernisse losgelassen hast, ist es heute Zeit, in diesem Prozess ganz versöhnlich weiterzugehen.

Gehe hinaus in die Natur, und suche für alle Menschen, mit denen du in der vierten Rauhnacht Anschuldigungen aufgelöst hast, einen Naturgegenstand. Lasse dich dann von einem Ort finden, an dem du diese Übung durchführen möchtest. Lege alle Gegenstände zu einem Bild der Versöhnung und Dankbarkeit zusammen. Stelle dir dabei vor, dass alle diese Menschen zu dir gehören und sie dir nichts tun können, wozu du nicht selbst in der Lage bist. Die Menschen, die dir ganz besonders wichtig sind, sollten die Mitte des Bildes füllen. Verändere das Bild so lange, bis du das Gefühl hast, dass du voller Dankbarkeit auf dein Bild schauen kannst. Spüre deine Dankbarkeit für alle Menschen, und finde für jeden einen versöhnlichen Satz. Zeichne das Bild in dein Tagebuch, oder mache ein Foto davon. Schaue dir dein Versöhnungsbild immer wieder voller Dankbarkeit an.

Übung
zum gemeinsamen Erleben

Thema: Versöhnung

Wirkung: Dankbarkeit und Zuneigung spüren

Dauer: 30 Minuten

Material: evtl. eine Räuchermischung oder eine Duftkerze, Streichhölzer

Ort: überall

Heute geht es beim gemeinsamen Erleben um ein Versöhnungsritual. Überlegt zuerst gemeinsam, durch welchen Geruch ihr euer Ritual intensivieren wollt, und nehmt eine entsprechende Räuchermischung oder Duftkerze mit.

Geht hinaus in die Natur, und sucht einen Ort, an dem ihr euer Ritual durchführen wollt. Entscheidet, wer das Ritual beginnt. Derjenige hat nun Redezeit, ohne dass der andere ihn unterbricht. Zündet die Räuchermischung oder die Duftkerze an, und konzentriert euch ganz auf den Moment. Der Redner legt eine Hand auf sein Herz und die andere auf das Herz des Übungspartners. Wenn ihr wollt, könnt ihr euch auch beide über diese Geste auf Herzensebene miteinander verbinden.
Schaut einander in die Augen, und dann spricht der Redner Worte der Versöhnung aus. Sprecht möglichst immer nur aus der eigenen Perspektive und in der Ich-Form. Sollte es nichts geben, weshalb ihr euch versöhnen solltet, sprecht einfach frei

aus dem Herzen darüber, wofür ihr dem anderen dankbar seid. Seine Dankbarkeit zu zeigen und auch auszusprechen, ist ein Schlüssel für ein wertschätzendes Miteinander.

Danach wechselt ihr, und der andere hat nun Redezeit. Atmet während eures Versöhnungsrituals den wohlriechenden Duft ein, und findet am Ende einen geeigneten Abschluss für euch. Nehmt euch für die Zukunft vor, dieses Ritual z. B. alle vier Wochen zu wiederholen.

(29./30. Dezember)

6. RAUHNACHT

MONAT: JUNI

Tag der Freundschaft und
der Verbundenheit

»Ich bin von Menschen umgeben, die mir guttun.«

Heute ist der Tag der Freundschaft, an dem wir die Verbundenheit mit den lieben Menschen in unserer Umgebung feiern. Auch wenn die Menschen, mit denen du dich in der letzten Rauhnacht versöhnt hast, in diesen Prozess scheinbar nicht involviert waren, wird sich eure Beziehung in irgendeiner Form verändern. Alles hängt zusammen, und wenn du dich anders verhältst, wandelt sich auch der Kontakt zwischen euch.

An diesem Tag geht es aber nicht nur um die Verbindung zu anderen. Nutze den Tag auch, um die Verbindung zu dir selbst zu stärken. Je intensiver der Kontakt zu dir ist, desto intensiver kann auch der Kontakt zu deinen Mitmenschen sein. Spürst du dich selbst, wird es für dein Umfeld leichter, dich wahrzunehmen.

Sinneszauber

GESCHMACKSSINN

Material: dein Tagebuch, etwas zu essen,
z. B. ein Stück Schokolade, Kuchen, etwas Obst

Vermutlich magst auch du gutes Essen und freust dich, wenn ein Festmahl bevorsteht. Im Alltag geht uns diese Vorfreude allerdings oft verloren, denn wir essen aus Gewohnheit oder aus dem Gefühl heraus, dass unser Körper Nahrung braucht. Umso schöner ist es, wenn wir uns Zeit nehmen, ganz genussvoll ein Stück Kuchen oder einen Obstsalat zu verspeisen.

Heute steht dein Geschmackssinn im Vordergrund. Du brauchst aber gar nicht viel zu essen, sondern sollst es eher mit Ruhe und Genuss tun. Wähle ein Stück Obst oder eine Süßigkeit, die du gern magst. Schneide oder zerteile dein Essen in kleine Stücke. Betrachte diese zunächst, und rieche an ihnen, bevor du ein Stück in den Mund nimmst und es dir auf der Zunge zergehen lässt. Nimm dir z. B. für ein Stück Schokolade ca. fünf Minuten Zeit. Beiße ganz kleine Stückchen ab, oder lutsche an der Schokolade. Schließe auch deine Augen, um dich völlig losgelöst auf deinen Geschmackssinn zu konzentrieren.

Vielleicht möchtest du diesen Sinneszauber mit verschiedenen Nahrungsmitteln ausprobieren. Spüre auch genau nach, wann sich ein Sättigungsgefühl einstellt. Ich z. B. genieße es, von einer kleinen Menge satt und zufrieden zu sein.

Ich möchte dich dazu motivieren, von nun an bei jedem Essen achtsam und mit viel Zeit, Ruhe und Genuss dabei zu sein. Versuche, vor jeder Mahlzeit herauszufinden, was dir guttut. Kaue deine Nahrung genussvoll etwa fünfundzwanzig- bis dreißigmal. Dein Körper wird dir dafür dankbar sein. Schreibe deine Erfahrungen in dein Tagebuch. Vielleicht ist es auch etwas für dich, ein Essenstagebuch zu führen, in dem du notierst, was du gegessen hast und ob du es genussvoll und gern verspeist hast.

Naturimpuls

Thema: Verbundenheit
Wirkung: Freundschaft und Verbundenheit mit anderen und sich selbst stärken
Dauer: 40–60 Minuten
Material: Postkarten oder Briefpapier und Briefumschläge, Stifte, eine Sitzunterlage, eine Schreibunterlage
Ort: überall

In dieser Übung möchte ich dich dazu einladen, dich ganz deiner Intuition anzuvertrauen. Vergegenwärtige dir das Thema »Freundschaft und Verbundenheit«. Gehe mit der Absicht in die Natur, auf einen Ort zu treffen, an dem du dich ganz verbunden fühlst. Du musst nicht schon wissen, wie dieser Platz aussehen soll. Lasse dich überraschen, wo du dich ganz wohlfühlst.

Sobald du an deinem Ort angekommen bist, versuche, zu erkennen, womit du dich dort verbunden fühlst. Ist es vielleicht ein Baum, der dich angezogen hat? Was strahlt er für dich aus, und steht er vielleicht für eine bestimmte Person? Streife auf diese Weise weiter durch die Natur an deinem besonderen Ort, um dich in Gedanken mit den Menschen und Dingen zu umgeben, mit denen du dich verbunden fühlst.

Sobald du deinen Weg der Verbundenheit beendet hast, mache es dir an deinem Ort bequem, und schreibe Postkarten oder Briefe an diese lieben Menschen. Feiere eure Freundschaft, und vielleicht verspürst du eine innere Haltung von Frieden und Verbundenheit. Bedanke dich am Ende bei diesem Ort, und verschicke deine Postkarten oder Briefe. Sei einfach dankbar für deine Verbindungen zu anderen.

Um die Verbindung zu dir selbst zu stärken, kannst du auch einen Brief an dich schreiben. Halte darin fest, worauf du stolz bist oder was du an dir magst. Was hast du in diesem Jahr für dich erreicht? Was macht dich zu einem besonderen Menschen? Gib diesen Brief z. B. einem Freund, und bitte ihn, dir den Brief innerhalb des nächsten Jahres zu schicken.

Übung
zum gemeinsamen Erleben

Thema: Verbundenheit

Wirkung: Freundschaft feiern

Dauer: 40–60 Minuten oder der ganze Abend

Material: Essen, Getränke, evtl. Postkarten oder Briefpapier und Briefumschläge, Stifte, Sitzunterlagen, Schreibunterlagen

Ort: zu Hause oder überall in der Natur

In dieser Rauhnacht ist es besonders schön, wenn ihre eure besondere Verbindung würdigt und stärkt. Bereitet euch ein Freundschaftsmahl zu. Ihr könnt auch andere Freunde einladen und diese Rauhnacht als Bergfest gemeinsam zelebrieren. Jeder bringt etwas zu essen mit und richtet sich im Geiste auf die Liebe, Verbundenheit und Dankbarkeit zwischen allen aus. Oder ihr nehmt Fingerfood und Getränke in die Natur mit und feiert dort euer Fest. Ihr könnt die Speisen mit geschlossenen Augen probieren und erraten, was genau ihr esst. Begeht den Tag der Freundschaft auf eure Art und Weise. Teilt euren Freunden mit, was euch ihre Verbundenheit bedeutet. Dies könnt ihr selbstverständlich auch über eine Postkarte oder einen Brief, den ihr gemeinsam schreibt, gestalten. Genauso gut könnt ihr ein Festmahl mit eurer Familie genießen oder einer sinnlichen Kakaozeremonie beiwohnen. Dieses Fest sollt ihr so individuell gestalten, wie ihr seid.

(30./31. Dezember)

7. RAUHNACHT

MONAT: JULI

Tag der Wandlung

>>Ich lebe voller
Vertrauen und Zuversicht
im Hier und Jetzt.<<

Mit dem heutigen Tag beginnen die Vorbereitungen für das kommende Jahr. Der Tag der Wandlung steht bevor. Der Jahreswechsel liegt in greifbarer Nähe, und heute ist Zeit, dass du dich auf ihn vorbereitest. Vielleicht trägst du bereits erste Visionen davon in dir, was dich im neuen Jahr erwartet. Auch wenn du keine konkreten Vorstellungen hast, so befindest du dich in einer Übergangsphase.

Dieser Übergang wird traditionell immer gefeiert. Ich möchte dich dazu einladen, innezuhalten und dir bewusst zu machen, dass du kurz vor dem Jahreswechsel stehst. Selbst, wenn du am heutigen Silvestertag vermutlich wenig Zeit hast, ist es wichtig, dass du dir diesen Raum nimmst. Jeder Übergang kann zelebriert werden, und du entscheidest, welche Bedeutungen er für dich hat. Nutze den Tag dazu, dich auf deine Art und Weise auf deine Wandlung einzustimmen.

Sinneszauber

SEHSINN

Material: ein schönes Bild, eine Pflanze

Unser Sehsinn ist den ganzen Tag beschäftigt, für uns unbewusst nimmt er alles um uns herum wahr. Im Alltag gibt es jedoch nicht immer nur schöne Aussichten, oft betrachten wir einen Bildschirm oder künstliche Gegenstände. Selten versinken wir in einem Gemälde oder schauen absichtslos auf eine blühende Blume. Dieser Verzauberung widmen wir uns heute über den Sehsinn.

Ich möchte dich dazu einladen, für einen Moment etwas ganz Wunderbares zu betrachten. Das kann ein Bild oder eine Pflanze sein. Du kannst genauso gut nach draußen in die Natur gehen und einen Baum anschauen. Unser Sehsinn wird entlastet, wenn wir in der Natur in die Ferne schauen, unsere Augen können sich dabei gut entspannen. Probiere dies einmal aus, sobald du auf einem Berg stehst oder einen weiten Blick an einem Fluss hast.
Mein Sehsinn erfreut sich auch immer an einem ordentlichen Zimmer. Nachdem ich es aufgeräumt habe, zünde ich eine Kerze an, mache mir einen Tee und genieße die wunderbare Ordnung um mich herum. Finde heute für dich heraus, was deinen Sehsinn verzaubert. Alles ist erlaubt, und denke auch daran, dir in Zukunft immer wieder eine schöne Aussicht zu gönnen.

Naturimpuls

Thema: Vorbereitung auf das Kommende
Wirkung: sich in Ruhe für die Wandlung öffnen
Dauer: 30–60 Minuten
Material: dein Tagebuch, Stifte, ein Sitzkissen
Ort: überall

Vor dir liegen Tage und Nächte, die dich auf die Wandlungsprozesse vorbereiten. Unternimm einen Spaziergang in der Natur, und lasse dabei zunächst absichtslos deinen Blick schweifen.

Suche dir dann einen Ort, an dem du deine Umgebung in Ruhe beobachten kannst. Finde zwei Bäume, an denen dein Blick hängen bleibt. Schaue sie dir genau an, bevor du deinen Fokus folgendermaßen veränderst: Schweife mit deinem Blick in den Raum, der zwischen den Bäumen liegt.

Lasse deine Augen ganz weich werden, und konzentriere dich nur auf den Zwischenraum. Was hat dieser Raum mit den kommenden Tagen oder dem nächsten Jahr zu tun? Was siehst du, und was spürst du? Was verändert sich in dir, wenn du deinen Blick nach vorn ausrichtest? Was liegt zwischen den Bäumen und in der Ferne? Welcher Blick steht für das Jetzt und welcher für die Zukunft? Nimm deine Gedanken wahr, ohne sie zu bewerten.

Gehe dann deinen Weg in der Natur weiter, und verändere auch hierbei deinen Fokus. Lasse deinen Blick immer wieder von unten auf dem Boden in die Horizontale und die Ferne schweifen, und richte ihn auch nach oben in die Baumkronen. Was verändert dieser Blickwechsel in dir? Wofür stehen der Blick nach unten, die Sicht zum Horizont oder das Schauen nach oben? Welchen Blick magst du am liebsten?

Wenn ich im Wald spazieren gehe, stelle ich oft fest, dass mein Blick auf den Boden gerichtet ist. Dabei kann ich mich gut auf mich konzentrieren. Sobald ich den Blick anhebe, bin ich mehr im Außen und in der Zukunft. Der Blick nach oben lässt mich eher innehalten.
Welchen Fokus willst du einnehmen, um dich gut auf das kommende Jahr vorzubereiten? Experimentiere mit diesem Blick- bzw. Fokuswechsel, und schreibe alle wichtigen Gedanken in dein Tagebuch. Überlege dir auch eine Körperhaltung oder eine wertschätzende Affirmation, die dir diesen Blickwinkel erleichtert und dir hilft, ihn zu verinnerlichen. Nutze im neuen Jahr die Möglichkeit immer wieder, die Erlebnisse aus einer neuen Perspektive zu betrachten.

Übung
zum gemeinsamen Erleben

Thema: Vorbereitung auf die Wandlung
Wirkung: sich für die Veränderung öffnen
Dauer: 30–60 Minuten
Material: ein Tagebuch, Papier, Stifte, ein Sitzkissen
Ort: überall

Ihr könnt euch auf sehr unterschiedliche Art und Weise auf das kommende Jahr und den Wandlungsprozess vorbereiten. Jeder von euch kann zuerst alles aufschreiben, was er sich an Veränderungen für euer Miteinander wünscht. Im Anschluss daran geht ihr gemeinsam hinaus in die Natur. Jeder findet für sich allein für alle seine Veränderungswünsche jeweils einen Naturgegenstand und legt daraus ein Bild. Danach zeigt und erklärt ihr eure Bilder dem anderen. Einer fängt an, der andere hört zunächst einfach nur zu und stellt eventuell Verständnisfragen. Wechselt dann zum Bild des anderen. Wenn ihr beide Bilder betrachtet und erklärt habt, versucht ihr, aus euren Gegenständen ein gemeinsames Bild zu gestalten, das für eure Zukunft steht. Findet zum Abschluss der Übung eine Essenz oder einen Ansatz, wie ihr die gewonnenen Erkenntnisse umsetzen wollt.

Variation:

Eine zweite Möglichkeit, euch auf den Wandlungsprozess vorzubereiten, besteht darin, dass ihr gemeinsam in die Natur geht und euch einen Weg sucht, den ihr vorher noch nie gegangen seid. Wenn ihr diesen Weg beschreitet, achtet auf die Zeichen der Natur, die euch ins Auge springen. Teilt sie miteinander, und überlegt gemeinsam, was die Zeichen für eure Zukunft bedeuten können.

(31. Dezember/1. Januar)

8. RAUHNACHT

MONAT: AUGUST

Tag des Neubeginns

»Mit jedem Tag folge ich bewusster
meinem Seelenweg.«

Heute möchte ich dich dazu einladen, Angelegenheiten zu klären, vielleicht auch zu reinigen und zu räuchern, damit du gut in
das neue Jahr hinüberwechseln kannst. Alles, was dich belastet,
darfst du loslassen oder dazu eine neue Perspektive entwickeln.
Das Klären von Angelegenheiten kann sich auch auf dich selbst
beziehen. Gehe in dich, und frage dich, was du bereinigen
möchtest. Visualisiere dann ein Bild, indem du bewusst alle
Dinge in dein Leben einlädst, über die du dich freuen würdest.
Etwas Neues zu beginnen, ist immer auch verknüpft mit dem
Loslassen alter Dinge. Stelle dir den Neubeginn wie eine Tür
vor, die sich öffnet, während sich vielleicht eine andere schließt.
Hinter dieser neuen Tür wartet das Unbekannte auf dich und
möchte von dir erlebt werden.

Sinneszauber

WÄRMESINN

Material: dein Tagebuch, eine kuschelige Decke,
eine Wärmflasche

Am heutigen Tag geht es um den Wärmesinn. Ihn spürst du,
wenn dir körperlich warm wird, aber auch, wenn deine Gefühle
dich erwärmen. »Mir wird ganz warm ums Herz«, sagen wir in
solchen Momenten oft.

Erspüre zum Beginn des neuen Jahres deinen Wärmesinn von
innen und von außen, indem du dir Zeit nimmst, es dir ganz ku-
schelig mit einer Decke und einer Wärmflasche bequem machst
oder dich gemütlich ans Feuer setzt. Lenke dann deine Gedanken auf das zurückliegende Jahr, spüre in dich hinein, und frage
dich, wofür du wirklich dankbar bist. Folge deinen Gefühlen,
und schaue nach den großen und kleinen Momenten, die dich
berührt haben. Lehne dich entspannt zurück, und lasse diese
Momente noch einmal vor deinem inneren Auge an dir vorbeiziehen. Vielleicht kannst du bei diesem Rückblick wahrnehmen,
wie dein Herz von Dankbarkeit erfüllt ist und in dir ein ganz
warmes Gefühl entsteht.
Halte diese Momente fest, indem du sie in dein Tagebuch
schreibst. Falls ein anderer Mensch in deiner Erinnerung eine
Rolle spielt, kannst du dich mit ihm auch über deine Gefühle
austauschen. Wenn du die Wärme in deinem Körper spüren
kannst, lege deine Hände an diese Stelle, und finde einen Satz,
der deine Dankbarkeit zum Ausdruck bringt.

Naturimpuls

Thema: Blick nach vorn
Wirkung: den Neubeginn mit allen Elementen zelebrieren
Dauer: 60 Minuten
Material: alles zum Räuchern, Kerzen, Streichhölzer,
eine kleine Feuerschale oder eine größere Muschel,
ein Zettel, dein Tagebuch, Stifte, Wasser, ein Glas,
ein kleiner Pflanztopf, etwas Brot, ein paar Samen
(z. B. Kresse)
Ort: überall

Heute möchte ich dich einladen, deine Visionen, deinen Neubeginn mithilfe aller Elemente zu zelebrieren. Packe alles ein, was du für diese Übung brauchst, und suche dir in der Natur einen Ort, an dem du sie durchführen möchtest. Schreibe auf dem Zettel alles auf, was du für deinen Neubeginn tun willst. Benenne nicht zu viele Wünsche und Visionen und auch nur solche, die du selbst realisieren kannst.

Beginne deine kleine Feier des Neubeginns, indem du die Elemente Feuer, Erde, Wasser und Luft zu dir einlädst. Zünde die Kerzen an, damit der Ort noch etwas festlicher erscheint. Lege deinen Zettel in die Feuerschale oder Muschel, und verbrenne ihn. Auf diese Weise fügst du deinen Wünschen und Visionen dein inneres Feuer hinzu. Lasse dabei vor deinem inneren Auge Bilder davon auftauchen, wie du deine Visionen im nächsten Jahr in die Tat umsetzt.

Lade dann die Luft ein, und räuchere dich einmal ab. Bei diesem Schritt nutzt du die Luft und das Feuer.

Nimm als Nächstes etwas Erde, und gib sie in den Topf, oder finde einen Platz in der Natur, an dem du etwas pflanzen kannst. Lege die Samen ganz achtsam in die Erde, und stelle dir dabei vor, dass sie deine Wünsche oder Visionen symbolisieren. Begieße die Samen danach mit etwas Wasser. Zelebriere diesen Augenblick, indem du ein kleines Stück Brot isst und sehr gut zerkaust. Mache dir dabei bewusst: Das Getreide für das Brot ist aus der Erde gewachsen. Verbinde dich auf diesem Weg mit dem Element Erde, bevor du im Anschluss einen Schluck Wasser trinkst.

Stelle dir noch einmal vor, dass dich die vier Elemente bei deinem Neubeginn unterstützen. Wiederhole diese kleine Übung z. B. im August, dem achten Monat. Hier kannst du vielleicht etwas leichter eine Blume in die Erde setzen oder Samen säen, die du beim Keimen beobachtest. Sie stehen für deine Wünsche und Visionen, die sich in den folgenden Monaten entwickeln. Alle Gefühle, die du zu diesem Erlebnis hast, kannst du in dein Tagebuch schreiben. Bedanke dich zum Abschluss bei den Elementen, und genieße den Rückweg zu dir nach Hause.

Übung
zum gemeinsamen Erleben

Thema: ein gemeinsamer Blick nach vorn
Wirkung: den Neubeginn mit allen Elementen zelebrieren
Dauer: 90 Minuten
Material: alles zum Räuchern, Kerzen, Streichhölzer,
eine kleine Feuerschale oder eine größere Muschel,
Zettel, ein Tagebuch, Stifte, Wasser, zwei Gläser,
zwei kleine Pflanztöpfe, etwas Brot, ein paar
Samen (z. B. Kresse)
Ort: überall

In dieser Übung geht es darum, dass ihr gemeinsam erlebt, wie eure ganz persönlichen Visionen und eure Wünsche durch die Kraft der Elemente wachsen. Packt alles ein, was ihr für diese Übung braucht, und geht in die Natur hinaus. Sobald euch der Ort gefunden hat, an dem ihr euren Neubeginn feiern möchtet, schreibt jeder für sich auf einen Zettel alles auf, was er sich für seinen Neubeginn wünscht und auch selbst realisieren kann.

Ladet zur Feier des Neubeginns die Elemente Feuer, Erde, Wasser und Luft zu euch ein, und zündet die Kerzen an. Legt eure Zettel in die Feuerschale oder Muschel, und verbrennt sie. Stellt euch dabei vor, wie sich eure Wünsche im nächsten Jahr realisieren. Diesen Schritt macht immer erst der eine, während der andere ihn begleitet, danach wechselt ihr. Ladet dann die

Luft ein, und räuchert euch ab. Als Nächstes nehmt ihr etwas Erde und gebt sie in die Töpfe. Oder ihr nutzt direkt den Erdboden des Platzes, an dem ihr gerade seid. Legt die Samen ganz achtsam in die Erde, und stellt euch dabei vor, dass sie eure Wünsche oder Visionen symbolisieren. Begießt die Samen danach mit etwas Wasser. Zelebriert diesen Augenblick, indem jeder etwas Brot isst und gut zerkaut und danach einen Schluck Wasser trinkt.

Auf diese Weise sind alle Elemente Teil eurer Feier des Neubeginns. Stellt euch noch einmal vor, dass die Elemente euch im kommenden Jahr unterstützen. Wiederholt diese kleine Übung nach einiger Zeit, und beobachtet die Samen dabei, wie sie keimen, sich aus der Erde kämpfen, zu kleinen Pflänzchen werden und immer weiter wachsen. Haltet eure Gefühle in einem Tagebuch fest, und bedankt euch zum Abschluss bei den Elementen.

Variation:
Ihr könnt das gemeinsame Erleben nicht nur für eure eigenen Visionen oder den eigenen Neubeginn durchführen, sondern auch einen Wachstumsimpuls in der Beziehung zueinander setzen. In diesem Fall macht ihr alle Schritte einfach gemeinsam, d. h., ihr notiert zusammen, was ihr euch für eure Zukunft, für euer Miteinander wünscht, und verbrennt auch gemeinsam den Zettel mit eurer Vision.

(1./2. Januar)

9. RAUHNACHT

MONAT: SEPTEMBER

Tag der Verbindung mit dem Göttlichen

AFFIRMATION:

»Ich fühle mich mit dem
großen Ganzen verbunden.
Grenzenloses Licht durchströmt mich.«

Heute kannst du deine Verbindung zum Göttlichen weiter stärken und vertiefen. Alle Eingebungen, die du an diesem Tag empfängst, lassen dich vielleicht spüren, dass du angebunden bist an etwas Größeres. Diese Anbindung ist für mich vor allem in der Natur deutlich wahrnehmbar, wenn ich mit einer Frage losgehe und immer eine Antwort erhalte. Auch Entscheidungen treffe ich gelegentlich aus dem Bauch heraus, um anschließend zu erkennen, dass ich meiner Eingebung gefolgt bin.

Folge auch du deinen Eingebungen, und du wirst wahrnehmen, dass dadurch die Verbindung zu dir selbst noch intensiver wird. Denn alles, was du intuitiv entscheidest und verfolgst, kann dazu führen, dass du dich mit dem großen Ganzen verbunden fühlst.

Sinneszauber

HÖRSINN

Material: deine Lieblingsmusik

Deinen Hörsinn kannst du auf verschiedenen Wegen verzaubern. Nimm dir z. B. Zeit, deine Lieblingsmusik zu hören. Schließe dabei deine Augen, dadurch schenkst du deinem Hörsinn noch mehr Aufmerksamkeit. Genieße die Musik, und höre sie vielleicht von diesem Tag an immer wieder einmal bewusst. Auch mit Naturgeräuschen tust du deinem Hörsinn etwas Gutes. Suche einen Ort in der Natur auf, an dem du keine künstlichen Geräusche vernimmst, und achte mit geschlossenen Augen auf das, was du hörst. Im Winter zwitschern ebenfalls Vögel und rauschen Bäume im Wind, nur eben anders als im Sommer. Vielleicht ist es die Stille einer schneebedeckten Landschaft, die deinem Hörsinn eine Wohltat ist. Finde heraus, was dir guttut, und erinnere dich immer wieder daran, dir selbst dieses Geschenk zu machen.

Naturimpuls

Thema: höhere Eingebungen
Wirkung: sich mit dem Göttlichen verbinden
Dauer: 60 Minuten
Material: ein Sitzkissen, dein Tagebuch, Stifte,
ein Smartphone oder ein Fotoapparat
Ort: überall

Auch heute ist ein Tag, an dem du deiner Intuition und deinen Eingebungen folgst. Gehe hinaus in die Natur, und komme ruhig und entspannt an. Suche in deiner Umgebung nach möglichst unterschiedlichen Gegenständen. Du kannst z. B. etwas Hartes, etwas Weiches, etwas Trockenes, etwas Außergewöhnliches, etwas Spitzes, etwas Schweres, etwas Künstliches, etwas Schönes, etwas Nahrhaftes und so weiter aufsammeln.

Lasse dich von einem Platz finden, an dem du es dir gemütlich machen kannst. Stelle dir vor, dass die Gegenstände, die du mitgenommen hast, stellvertretend für deine Visionen stehen. Nimm sie nacheinander in die Hände, und schaue, welche dir bedeutsam erscheinen. Sortiere nacheinander die Gegenstände aus, die für dich nicht mehr wichtig sind. Überlege bei allen verbliebenen Dingen, für was in der Zukunft sie stehen könnten. Was hat der schwere Gegenstand mit deiner Vision zu tun? Was erfährst du über den leichten Gegenstand?

Ertaste und erforsche alle Gegenstände nacheinander, und dann gestalte aus ihnen ein Bild für deine Zukunft. Verbinde dich mit dem göttlichen Anteil in dir, und schaue, welche Visionen beim Betrachten deines Zukunftsbildes auftauchen. Schreibe deine Gedanken und Visionen auf, die du über die Naturgegenstände erfahren hast. Halte dieses Bild mit einem Smartphone fest, da wir in der nächsten Rauhnacht mit diesem Naturimpuls fortfahren. Nimm auch die Gegenstände mit nach Hause, damit du morgen mit ihnen weiterarbeiten kannst.

Übung
zum gemeinsamen Erleben

Thema:	höhere Eingebungen
Wirkung:	auf die göttliche Führung vertrauen
Dauer:	60 Minuten
Material:	ein Tagebuch, Stifte
Ort:	überall

Die heutige Rauhnacht dient dazu, dass ihr euch mit dem großen Ganzen verbindet und auf die Führung im Leben und auch auf eure Intuition vertraut.

Geht gemeinsam hinaus in die Natur, und jeder sucht möglichst unterschiedliche Gegenstände: etwas Weiches, etwas Hartes, etwas Nahrhaftes, etwas Zauberhaftes, etwas Kurioses, etwas Künstliches … Entscheidet selbst, wie unterschiedlich die Gegenstände sein sollen.

Sobald ihr alle Gegenstände aufgesammelt habt, beginnt einer von euch. Er nimmt die Gegenstände in seine Hände, ertastet sie und schaut, welche ihn besonders interessieren. Alle unwichtigen legt er zur Seite und überlegt als Nächstes, was in der Zukunft weich, hart, nahrhaft, zauberhaft, kurios, künstlich … sein könnte, und entwickelt daraus eine Vision.

Danach legt er aus den Gegenständen ein Bild seiner Zukunft und findet einen Titel für das Bild. Der andere ist in dieser Zeit der Begleiter und Zeuge und kann ebenfalls zu jedem Gegenstand erzählen, was er in ihm sieht. Überlegt gemeinsam, was ihr tun könnt, damit das Zukunftsbild in Erfüllung geht. Wechselt danach die Rollen, sodass auch der Übungspartner seine Gegenstände ertastet, und schaut, was sie ihm mitzuteilen haben. Auch er soll ein Zukunftsbild gestalten, während der andere ihn dabei begleitet.

Lasst euch überraschen, welche Botschaft das intuitive Ergreifen von Gegenständen für euch bereithält. Findet zum Abschluss der Übung jeweils eine Affirmation, die eure Zukunft noch stärker zum Ausdruck bringt, und haltet sie schriftlich fest. Diesen Satz könnt ihr als tägliches Mantra der Ausrichtung und Manifestation nutzen.

(2./3. Januar)

10. RAUHNACHT

MONAT: OKTOBER

Tag des Wachstums
und der Visionen

»Ich erlaube mir,
in meine eigene Größe zu kommen.«

Deine Eingebungen der gestrigen Rauhnacht sind hilfreich für deinen Wachstumsprozess. Mit ihnen und mithilfe der Unterstützung des Göttlichen kannst du deine Visionen verstärken und in dein Leben rufen. Schreibe dir deine Visionen für das nächste Jahr nicht nur auf, sondern visualisiere sie auch in irgendeiner Form. Stelle dir deinen Wachstumsprozess z. B. wie den einer Pflanze vor. Mit jedem Tag wird sie ein wenig stärker, entwickelt und entfaltet sich und ist als Höhepunkt gekrönt von einer wunderschönen Blüte.

Vielleicht unterstützen dich die folgenden Fragen dabei, deine Vision mit Leben zu füllen:

» Welchen Menschen möchtest du in diesem Jahr begegnen?
» Auf welches Ereignis freust du dich besonders?
» Wie und wodurch erkennst du, dass sich etwas in deinem Leben verändert hat?
» Wen möchtest du ganz intensiv an deiner Seite wissen?
» Welche Wachstumsschritte möchtest du vor allem für dich selbst machen?
» Welche Momente werden dich in diesem Jahr berühren?
» Wie möchtest du in diesem Jahr mit deinem Körper umgehen?

» Welcher Leitsatz soll dich in diesem Jahr begleiten?

» Von welchen Menschen wirst du dich inspiriert fühlen?

» Was wird dein wichtigstes Ritual für dich selbst werden?

» Woraus schöpfst du in diesem Jahr Kraft?

» Wie möchtest du deine Umgebung gestalten?

» Was wird in diesem Jahr dein Herzensprojekt werden?

» Was ist deine wichtigste Vision?

Du kannst die Antworten schriftlich in deinem Tagebuch festhalten oder die Fragen auch einfach in Gedanken mitnehmen, wenn du hinaus in die Natur gehst.

Sinneszauber

SPRACHSINN

Material: Papier, Stifte

Dass du dich deinem Sprachsinn widmen sollst, mag dir vielleicht etwas ungewöhnlich erscheinen, da das Schreiben von Briefen und Gedichten eher rückläufig ist. Trotzdem möchte ich dich heute zu einer Schreibübung einladen.

Schreibe zehn Minuten lang alles auf, was dir in den Sinn kommt. Versuche, den Stift nicht abzusetzen, sondern einfach weiterzuschreiben, auch wenn du das Gefühl hast, dass dir nichts mehr einfällt. Lies erst danach alles durch, und unterstreiche alle Wörter, die dir wichtig erscheinen. Lies dann nur noch die unterstrichenen Wörter, und achte darauf, ob du davon etwas wegstreichen möchtest, weil es dir unwichtig erscheint. Erstelle aus den restlichen Wörtern einen Text, ein Gedicht oder eine Affirmation, und lasse dich überraschen, was am Ende dabei herauskommt.

Naturimpuls

Thema:	Wachstum
Wirkung:	Visionen entwickeln
Dauer:	60 Minuten
Material:	dein Tagebuch, Stifte, die Naturgegenstände vom Vortag
Ort:	überall

Am heutigen Tag geht es darum, deine Visionen noch stärker ins Leben zu bringen. Falls du vom gestrigen Naturimpuls verschiedene Eindrücke und Bilder oder auch schon eine feste Vorstellung deiner Visionen hast, kannst du an diesen heute weiterarbeiten. Falls das noch nicht der Fall ist, gehe trotzdem hinaus in die Natur, und nimm dir später etwas mehr Zeit, um deinen Visionen und Wünschen näher zu kommen.

Gehe nun los, und bitte darum, dass sich deine Visionen zeigen. Wähle intuitiv einen Weg, der für deine Zukunft steht, und betritt ihn bewusst, indem du über eine Schwelle aus Naturmaterialien oder durch ein Tor gehst.
Tauche dann in die Natur ein, und achte auf alles, was dir begegnet. Verbinde dich auch mit deinen Naturgegenständen von gestern, oder führe dir die Bilder und Visionen noch einmal vor Augen. Lasse dich überraschen, welche Zeichen der Natur dir auf deinem Weg der Zukunft ins Auge fallen. Vielleicht siehst du etwas, was dich in deiner Vision bestärkt. Welche Zeichen sind

für dich bedeutsam, wenn du an deine Zukunft und an deine Vision denkst? Gehe so lange weiter, bis du an einem Zukunftsplatz angekommen bist, der dich an deine wichtigste Vision erinnert.

Schaue dich an diesem Ort um, und erforsche ihn mit allen deinen Sinnen. Was genau ist das Symbol für deine Vision an diesem Platz? Wie fühlt es sich an, hier zu sein? Was siehst, hörst oder riechst du? Welcher Sinn wird an diesem Ort am stärksten angesprochen? Solltest du noch keine klare Vorstellung von deiner Vision haben, lege noch einmal alle Naturgegenstände von gestern um dich herum oder vergegenwärtige dir alles, was dir zu deinem Thema wichtig erscheint.

Gestalte nun einen festen Platz, der für deine Zukunftsvision steht. Suche dir danach einen anderen Platz, der das Jetzt symbolisiert. Stelle dich zuerst auf deinen Gegenwartsplatz, und spüre in dich hinein, wie es dir dort geht. Welche Gefühle begleiten dich? Wie ist dein Atem? Was siehst, hörst oder riechst du in diesem Augenblick? Verbinde dich vollkommen mit diesem Platz, und schaue hinüber zu deinem Zukunftsplatz.

Gehe dann in Zeitlupe zu deinem Zukunftsplatz, und erspüre, was dabei in dir passiert. Du kannst in sehr kleinen Schritten und ganz langsam gehen und immer wieder Pausen machen. Vielleicht verrät dein Körper dir, an welcher Stelle er sich besser und wo er sich nicht so gut fühlt. Wenn du an deinem Zukunftsplatz angekommen bist, stelle dir deine Vision ganz klar vor. Visualisiere sie so, als ob sie bereits eingetroffen wäre. Wie fühlt es sich an deinem Zukunftsplatz an? Was brauchst du, um den Weg bis hierhin in diesem Jahr zu gehen? Wer könnte dich dabei unterstützen?

Pendle zwischen beiden Orten hin und her, und versuche, zu erfahren, wo genau dein heutiger Standort ist. Von wo aus wirst du deinen Weg in deine Zukunft und zu deiner Vision starten? Versuche auch, zu erkennen, was dein erster kleiner Schritt sein könnte. Je öfter du deine Visionen visualisierst und von ihnen redest, als ob sie schon Wirklichkeit wären, desto einfacher wird es, sie ins Leben zu bringen.

Finde zum Abschluss ein Bild, einen Satz oder eine Affirmation, die dich auf deinem Weg unterstützt. Schreibe alle wichtigen Erkenntnisse in dein Tagebuch, und bedanke dich für diesen wundervollen Ort und dein Erlebnis. Wenn du möchtest, kannst du deine Visionen mit einem lieben Menschen teilen und ihn auch um seine Unterstützung bei der Umsetzung bitten.

Übung
zum gemeinsamen Erleben

Thema: Wachstum
Wirkung: Visionen verstärken
Dauer: 60 Minuten
Material: ein Tagebuch, Stifte
Ort: überall

Nachdem in der letzten Rauhnacht jeder für sich selbst eine Vision der Zukunft entwickelt hat, ist es ein besonderes Geschenk, dem Übungspartner noch weitere Impulse für dessen eigene Vision zu geben.

Geht in die Natur. Einer schließt die Augen und lässt sich vom anderen führen, indem dieser ihm die Hände auf die Schultern legt und ihn durch kleine Impulse navigiert. Der Führende verbindet sich mit seiner Intuition und überlegt, welchen Schnappschuss er seinem Partner als Impuls für dessen Zukunft schenken möchte. Wenn der Führende den Schnappschuss, also den kleinen Ausschnitt aus der Natur, gefunden hat, positioniert er den »Blinden« so, dass dieser den Bildausschnitt gut sehen kann, sobald er seine Augen öffnet. Der Schnappschuss, ein kurzes Öffnen der

Augen, wird durch ein vereinbartes Signal ausgelöst, z. B. einen leichten Druck auf der Schulter. Der »Blinde« darf seine Augen nun kurz öffnen und sich das Bild anschauen und abspeichern, ohne es zu bewerten. Danach schließt er wieder die Augen, und der Führende bringt ihn zu einem zweiten und danach zu einem dritten Bildausschnitt. Wechselt anschließend die Rollen.

Schenkt euch gegenseitig drei Schnappschüsse, bevor ihr darüber redet. Versucht dann, intuitiv zu erfassen, welche Bedeutung diese Bilder für die Zukunft haben können, und tauscht euch über eure Eindrücke aus. Bedankt euch zum Abschluss beim anderen für die Visionsbilder, die ihr erhalten habt, und haltet eure Einblicke gern schriftlich fest.

(3./4. Januar)

11. RAUHNACHT

MONAT: NOVEMBER

Tag des Abschieds

»Ich umgebe mich mit Menschen und Dingen, die mir guttun.«

Diese Rauhnacht dient dem bewussten Abschiednehmen und Loslassen. Dieser Schritt ist nicht immer leicht und dennoch enorm wichtig, damit Wachstumsprozesse stattfinden können. Ich lade dich ein, das Loslassen in Liebe und Dankbarkeit durchzuführen. Jede Begegnung in unserem Leben erweitert unseren Horizont, und jede Erfahrung trägt dazu bei, dass wir unsere Lebensgeschichte schreiben. Aber nicht alle Menschen und Dinge bleiben für immer in unserem Leben. Wenn wir an ihnen festhalten, kann es sein, dass wir uns Neuem verschließen.

Ich wünsche dir, dass du die Erfahrungen dieser Rauhnacht annimmst, denn ich bin überzeugt, dass du dadurch zufriedener und glücklicher wirst.

Sinneszauber

GEDANKENSINN

Material: dein Tagebuch, Papier, Stifte

Nimm dir heute Zeit, dich an all die Menschen zu erinnern, die dich und dein Leben im letzten Jahr geprägt haben. Die folgenden Fragen können dich dabei vielleicht unterstützen:

» Mit welchen Menschen hast du im letzten Jahr einen zauberhaften Moment erlebt?

» Wer oder was hat dich zum Lachen gebracht?

» Mit wem hast du deine Sorgen und Ängste geteilt?

» Wer oder was hat dir im letzten Jahr eine Freude gemacht?

» Welche Visionen aus dem letzten Jahr konntest du umsetzen?

» Wie hat dich deine Familie begleitet?

» Was waren deine Höhepunkte, Krisen oder Wendepunkte im letzten Jahr?

» Welche kulturellen Veranstaltungen hast du in deinem Herzen mitgenommen?

» Welche Menschen sind von dir gegangen, und welche Menschen sind in dein Leben getreten?

» In welchen Momenten bist du über deine Grenzen gegangen, und welche Phasen haben dich wachsen lassen?

» Wann und wodurch hast du dich ganz stark selbst gespürt, und was war der Auslöser dafür?

Beantworte die Fragen ganz spontan und intuitiv. Alternativ kannst du deine Gedanken noch einmal über das letzte Jahr schweben lassen, so, als ob du das Jahr aus der Vogelperspektive betrachtest und dir einzelne Momente genauer anschaust. Schreibe deine Gedanken in deinem Tagebuch auf, oder verfasse auch ein Gedicht oder einen Brief an dich selbst.

Naturimpuls

Thema: Abschied nehmen
Wirkung: etwas im Leben loslassen
Dauer: 30 Minuten
Material: Paketschnur, dein Tagebuch, Zettel, Stifte
Ort: überall

Wenn du etwas Neues in dein Leben einladen möchtest, ist es gut, auch etwas Altes hinter dir zu lassen. Das kann sich auf alte Konzepte oder Gewohnheiten, materielle Dinge oder Freundschaften zu anderen Menschen, die dir nicht mehr guttun, und vieles andere beziehen.

Suche dir einen Ort in der Natur, an dem du starten möchtest. Da es für das Loslassen erforderlich ist, zurückzublicken, möchte ich dich einladen, das erste Stück langsam und achtsam rückwärtszugehen. Achte dabei im Innen und im Außen darauf, was dir begegnet. Welche Gedanken begleiten dich, und welche Gefühle spürst du im Körper? Was siehst, hörst und riechst du in der Natur, und welche inneren Bilder tauchen auf?
Schon jetzt kannst du Gegenstände aus der Natur sammeln, die stellvertretend für die Dinge stehen, die du loslassen möchtest. Nimm deine Schnur zur Hand, und verschnüre die Gegenstände zu einem Päckchen. Alternativ kannst du auch alles, was du loslassen möchtest, auf ein Blatt Papier schreiben. Bei der Anzahl der Dinge gibt es kein Zuviel oder Zuwenig. Schaue einfach, was dir begegnet und in den Sinn kommt.

Drehe dich irgendwann um, und gehe vorwärts weiter. Experimentiere beim Gehen, und finde heraus, was dir hilfreicher erscheint. Nimm jedes neue Objekt, das dich ruft, in die Hände, spüre, wie es sich anfühlt, verschnüre es mit deinem Loslasspäckchen, und halte deine Eindrücke in deinem Tagebuch fest. Du kannst deine Gegenstände auch zu einem Bild legen oder die Dinge, die du gefunden hast, auf kleine Zettel schreiben.

Suche dir als Nächstes einen Ort, an dem du dir dein Loslasspäckchen noch einmal anschaust. Vertiefe dich in dein Bild, lies deine Gedanken noch einmal durch, oder verteile die Zettel um dich herum. Vielleicht entdeckst du etwas, was du doch noch nicht loslassen kannst. Sortiere es aus, und nimm es zu dir wie einen wichtigen Freund. Manche Dinge lassen sich nicht auf Knopfdruck loslassen und möchten einfach noch einmal gesehen werden. Versuche nicht, etwas von dir zu weisen, wenn der Zeitpunkt noch nicht reif dafür ist.

Überlege dir im nächsten Schritt, wie du von deinem Loslasspäckchen, deinem Bild oder deinen Zetteln Abschied nehmen möchtest. Vielleicht willst du die Zettel verbrennen oder das Päckchen in einen Fluss werfen. Du kannst dein Naturbild auch zu einem Zukunftsvisionsbild umgestalten und schauen, wie sich das anfühlt. Finde zum Abschluss der Übung eine neue Affirmation für das Jahr, das vor dir liegt.

Übung
zum gemeinsamen Erleben

Thema: Abschied nehmen
Wirkung: etwas im Leben loslassen, sich von Dingen und Sorgen befreien
Dauer: 30 Minuten
Material: Paketschnur, Zettel, Stifte
Ort: überall

In dieser Rauhnacht habt ihr noch einmal die Chance, alles loszulassen, was ihr nicht mit ins neue Jahr nehmen möchtet. Geht gemeinsam hinaus in die Natur, und erzählt einander, was ihr wirklich gern im alten Jahr zurücklassen wollt. Sucht jeder für sich für alle Dinge verschiedene stellvertretende Gegenstände, und verschnürt diese zu euren Sorgen- oder Loslasspäckchen. Überlegt gemeinsam, was ihr mit ihnen tun wollt. Vielleicht ist es ein guter Zeitpunkt, sie zu verbrennen. Manchmal kann es auch hilfreich sein, sich die Sorgenpäckchen immer wieder anzuschauen und sich zu vergegenwärtigen, dass diese Sorgen und Themen losgelassen werden möchten. Findet eure ganz eigene Art und Weise, mit euren Loslasspäckchen zu arbeiten oder sie gehen zu lassen, und lasst euch von eurem Übungspartner dabei begleiten.

(4./5. Januar)

12. RAUHNACHT

MONAT: DEZEMBER

Tag des Blicks in die Zukunft

»Ich allein gestalte mein Leben.«

Die letzte Rauhnacht steht uns bevor, und heute geht es noch einmal um den Blick in die Zukunft. Für diesen Blick ist es besonders hilfreich, wenn du dich ganz deiner Intuition anvertraust mit dem Gefühl, dein Leben selbst zu gestalten. Räuchere und reinige zunächst alles, was dir wichtig ist, z. B. dein Zuhause, dein Auto, jeden Winkel, der dir bedeutsam erscheint. Um den Schritt in die Zukunft zu wagen, solltest du ganz frei sein von alldem, was dich belastet. Erst dann kannst du auch erfahren, wie es ist, wenn du deine Visionen lebst. Lasse dich dabei nicht von alten Glaubenssätzen verunsichern, wie z. B. »Das kann ich nicht«, sondern stelle dir vor, dass du in diesem Jahr ganz in deine Vision hineinwächst. Je klarer und deutlicher dein eigenes Zukunftsbild ist, desto einfacher ist seine Umsetzung.

Sinneszauber

ICH-SINN

Material: dein Tagebuch, Stifte, alles zum Räuchern, eine Kerze, Musik

In der letzten Rauhnacht wenden wir uns dem Ich-Sinn zu. Dafür lade ich dich zu einer meditativen Übung ein. Du kannst den Text in Ruhe durchlesen und dann die Übung machen. Der genaue Wortlaut ist nicht so wichtig, eher die Idee dahinter.

Suche dir einen Ort, an dem du ungestört bist. Wenn du möchtest, räuchere an deinem Ort vorher oder zünde eine Kerze an. Sollte Musik zu deiner Entspannung beitragen und dich nicht zu sehr ablenken, ist natürlich auch diese willkommen. Nimm eine Position ein, die dir angenehm ist. Das kann im Sitzen, Liegen oder auch Stehen sein. Nachdem du es dir gemütlich gemacht hast, schließe deine Augen, und konzentriere dich auf deine Atmung. Atme einige Male in deinen Körper, und versuche, möglichst viele Körperstellen zu erreichen. Genieße den Moment, jetzt geht es nur um dich. Betrachte dich und dein Leben aus der Vogelperspektive. Schaue auf dich von ganz weit oben herab. Du gleitest wie ein Adler über dein Leben und erkennst aus dieser Distanz jede Kleinigkeit. Welche Rollen gibt es in deinem Leben? Das kann z. B. die Rolle als Mutter, Vater, Schwester, Bruder oder Kind sein. Auch im Beruf nehmen wir verschiedene Rollen ein, die sich von denen in unserem Freundeskreis unterscheiden. Führe dir deine Rollen vor Augen, damit du sie loslassen kannst.

Stelle dir dazu vor, dass du die erste Rolle für einen Moment von dir abstreifst, so, als ob du ein Kleidungsstück ausziehst. Wie fühlt es sich an, wenn du eine Rolle ablegst? Versuche, dies mit allen deinen Rollen zu tun, sodass am Ende nur noch du selbst übrig bleibst. Es ist wie das Abstreifen von Häuten oder Schichten oder das Ablegen von Erwartungen und Gewohnheiten. Was bleibt übrig, wenn du sie alle losgelassen hast? Wenn du für den Moment mit dir selbst bist? Wie fühlt es sich an, wenn es nichts mehr zu tun gibt, außer dass du dich um dich selbst kümmerst? Wer bist du im Kern, und wo und in welchen Momenten spürst du deine Lebendigkeit? Was kannst du tun, um im Alltag immer wieder Momente zu finden, in denen es nur um dich geht? Welche Menschen können dein wahres Ich sehen? Gibt es eine Farbe oder eine Form, die du in diesem Moment für dich selbst wahrnimmst? Wo im Körper kannst du dich spüren? Beende die meditative Übung, indem du in die Bereiche noch einmal tief einatmest, in denen du dich selbst spüren kannst. Erlaube dir auch in Zukunft immer wieder einmal, deine Rollen abzulegen, um ganz bei dir anzukommen.

Welchen Satz findest du für dich ganz persönlich? Notiere deine Erfahrungen wieder in deinem Tagebuch, damit du sie immer parat hast, wenn du sie brauchst. Ich lade dich ein, den letzten Naturimpuls der Rauhnächte ohne deine Rollen zu erleben.

Naturimpuls

Thema: Blick in die Zukunft
Wirkung: die eigene Vision erspüren
Dauer: 60 Minuten
Material: dein Tagebuch, Zettel, Stifte, ein großes Blatt Papier
Ort: überall

Für die letzte Rauhnacht ist es unser Ziel, dass du ganz in das Gefühl eintauchst, dass du selbst dein Leben in die Hand nimmst und gestaltest. Mache dich bereit, deine Reise anzutreten. Dafür kannst du alles, was ein Stellvertreter für deine Vision sein kann, mit in die Natur nehmen.

Suche dir einen Ort in der Natur, der für deine Zukunft steht. Finde in der unmittelbaren Nähe einen weiteren Platz, der für die Gegenwart, das Jetzt, steht. Gehe auf den Jetztplatz, und spüre nach, wie es dir hier geht. Was sagen dein Körper und dein Gefühl? Was siehst und hörst du?
Schaue dich dann um, und sieh deine Zukunft vor deinem inneren Auge. Blicke zu dem Platz, der diese Zukunft symbolisiert, und stelle dir vor, dass dieser Ort für genau denselben Tag in einem Jahr steht. Auf dem Weg dorthin gibt es zwölf Abschnitte für die nächsten zwölf Monate oder Abschnitte für die wichtigsten Ereignisse, die du im neuen Jahr vorhast.

Gehe nun langsam zu deinem Zukunftsort, und visualisiere dort alle deine Wünsche und Visionen. Auf deinem Weg dorthin kannst du die einzelnen Monate oder Ereignisse durchschreiten und ebenfalls wahrnehmen, wie es dir dann geht. In welchem Monat gibt es einen Moment, der dir bedeutsam erscheint? Wie möchtest du dich auf diesen Moment vorbereiten? Gibt es an diesem Platz in der Natur etwas, was dich an den Monat oder das Ereignis erinnert? Tue das, was sich für dich richtig anfühlt, und gehe dann weiter, wenn du dieses Erlebnis gut hinter dir lassen kannst.

Vielleicht merkst du, dass es nicht für jeden Monat ein besonderes Ereignis gibt. Das muss es auch nicht, es geht vielmehr darum, dass du einmal dein Jahr durchläufst und erspürst, was dir in diesem Jahr bedeutsam erscheint. Du kannst danach für die einzelnen Stationen kleine Zettel vorbereiten, auf denen du die wichtigen Momente und Ereignisse festhältst. Lege die Zettel auf der Zeitlinie, die der Weg zum Zukunftsplatz bildet, an die jeweiligen Stellen. Alternativ kannst du auch aus Gegenständen in deinem Umfeld deine Zukunftslinie gestalten.

Gehe noch einmal den Weg in deine Zukunft ganz langsam ab, und spüre wieder in dich hinein. Welche Art der Vorbereitung brauchen die Ereignisse? Möchtest du Unterstützung dafür, und falls ja, von wem wünschst du sie dir? Schreibe deine Gedanken in dein Tagebuch. Setze dich an deinem besonderen Platz hin, und meditiere. Nimm die Geräusche wahr, oder atme einfach ein paarmal tief durch.

Der Blick in die Zukunft lässt sich auf verschiedene Arten und Weisen durchführen. Finde deinen persönlichen Zugang, denn du gestaltest deine Zukunft selbst. Vielleicht fallen dir auf deinem Weg Stolpersteine auf, mit denen du dich auseinandersetzen möchtest. Dann versuche, in einen inneren Dialog zu kommen, um dir diese Stolpersteine zu vergegenwärtigen. Vielleicht fällt dir auch spontan eine Lösung ein, wie du mit ihnen umgehen möchtest.

Genieße deinen Gang in die Zukunft und das Gefühl, dass du selbst dir den Weg bereitest. Je klarer und positiver deine Visionen sind, desto einfacher wird es, diesen Weg im nächsten Jahr zu gehen, ganz nach dem Motto: »Deine Worte folgen deinen Gedanken, und deine Taten folgen deinen Worten.« Wenn dieser Weg für dich nicht gangbar ist, versuche ihn einfach andersherum. Manchmal ist der Sprung ins kalte Wasser hilfreich, um das eigene Leben in die richtige Richtung zu lenken. Du könntest also zuerst Taten vollbringen, bevor auch dein Herz, deine Seele und deine Gedanken folgen.

Wenn du möchtest, suche zum Abschluss einen Titel, eine Affirmation, ein Bild, eine Geste oder ein Wort für dein neues Jahr, und notiere es in deinem Tagebuch. Auf dem Weg nach Hause kannst du dir überlegen, welchen lieben Menschen du von deinem Zukunftsjahr erzählen möchtest.
Was sind deine Träume, deine Visionen, deine Wünsche und deine Ideen zum neuen Jahr? Du kannst deinen Zukunftsweg mit den verschiedenen Stationen auch auf ein großes Blatt Papier zeichnen. Bei der Gestaltung deines Bildes sind dir keine Grenzen gesetzt. Lasse einfach deiner Kreativität freien Lauf.

Übung
zum gemeinsamen Erleben

Thema: Blick in die Zukunft
Wirkung: den eigenen Lebensraum entdecken
Dauer: 60 Minuten
Material: evtl. Kreide, Seile, Teelichter in Einmachgläschen
Ort: überall

In der letzten Rauhnacht möchte ich euch einladen, noch einmal euren eigenen Lebensraum zu entdecken bzw. herauszufinden, an welchen Stellen es Berührungspunkte zwischen euch gibt.

Geht hinaus in die Natur, und findet einen Ort für eure Übung. Nun gestaltet jeder für sich seinen eigenen Lebensraum. Diesen Lebensraum könnt ihr als Kreis mit Kreide zeichnen, mit einem Seil legen oder auch mithilfe von Naturmaterialien gestalten. Auch Teelichter in Einmachgläschen könnt ihr verwenden. Nehmt alle Dinge, die euch für das nächste Jahr wichtig erscheinen, mit in euren Lebenskreis hinein.

Solltet ihr z. B. ein Projekt planen, sucht dafür einen stellvertretenden Gegenstand und legt ihn zu euch. Versucht auch, herauszufinden, wie groß genau euer Raum sein soll, und achtet darauf, wie weit er vom Kreis des anderen entfernt liegt. Vielleicht gibt es an bestimmten Stellen Schnittmengen oder Berührungspunkte. Bleibt zunächst bei eurem eigenen Lebensraum, und gestaltet ihn so lange, bis er für euch fertig ist. Stellt erst dann eurem Übungspartner euren Lebensbereich vor, und nehmt wieder alles, was der andere sagt, mithilfe eurer drei Schatzkästchen an.

Nachdem ihr das nacheinander getan habt, findet heraus, an welchen Stellen es Überschneidungspunkte oder Schnittmengen gibt. In welcher Form berühren sich eure Lebensbereiche? Gibt es vielleicht sogar einen gemeinsamen Lebensraum, den ihr dazwischen gestalten wollt? Vielleicht habt ihr diesen Raum von Anfang an mitgedacht und gestaltet, dann könnt ihr überlegen, wie sich jeder auch seinen eigenen Raum nehmen kann. Findet zum Abschluss dieser Übung auch ein kleines Ritual bzw. Momente im Tagesablauf, an denen ihr euch an eure Erkenntnisse erinnert oder an eurer gemeinsamen Zukunft weiterarbeitet.

Das *Ritual* des
DA-SEINS

AFFIRMATION:
»Mit jedem Moment ist
mein Leben schöner.«

Wir sind nun am Ende der Rauhnächte angekommen, und ich möchte dir gern anbieten, diese magische Zeit mit einem Ritual zu verabschieden. Inspiriert durch meine Schwester habe ich es »Da-Sein« genannt, denn es soll dir helfen, wieder gut im Jetzt anzukommen, nachdem du in der letzten Rauhnacht eine Reise in deine Zukunft unternommen hast. Du kannst dieses Ritual auch nutzen, um dir in Ruhe den letzten Zettel aus dem Ritual der dreizehn Wünsche vor Augen zu führen. Außerdem lade ich dich ein, deinen ganz persönlichen Kraftplatz in der Natur zu finden.

Sinneszauber

SCHÖNHEITSSINN

Die Idee, diesen Sinneszauber unserem Schönheitssinn zu widmen, stammt von meiner Schwester. Der Begriff »Schönheitssinn« ist allgemein bekannt, und dennoch nutzen wir ihn eher unbewusst. Heute soll es darum gehen, dass du dir bewusst Zeit für den Schönheitssinn nimmst.

Suche dir ein Zimmer oder einen kleinen Bereich in deinem Zuhause aus, den du heute verschönern möchtest. Sieh dich um, und überlege dir, was dir dort gefällt und was nicht. Gibt es Pflanzen, deren Anblick du magst? Hängen Bilder an den Wänden, die dir gefallen? Welche Farben ziehen dich an? Findest du Dinge, die nicht mehr dort hingehören?
Ändere im nächsten Schritt alles so, dass es deinem Schönheitssinn entspricht. Sollen die Ablageflächen gefüllt sein oder frei? Was brauchst du nicht mehr und kannst es verschenken? Mache dir auch eine Liste, wann du z. B. eine Pflanze kaufen oder Bilder aufhängen möchtest.
Genieße deinen neu gestalteten Platz, und schaue, welches Gefühl dich dabei begleitet. Vielleicht ist es ein Gefühl der Freiheit durch den neuen Freiraum, oder in dir kehrt Ruhe ein. Erlebe den Augenblick in Achtsamkeit, und wenn du möchtest, kannst du weitere Räume in deinem Zuhause deinem Schönheitssinn entsprechend verändern.

Ritual des Da-Seins

Thema: der eigene Kraftplatz
Wirkung: im Jetzt ankommen
Dauer: 60 Minuten
Material: dein Tagebuch, Stifte, eine Sitzunterlage,
evtl. eine Hängematte, Kreide
Ort: überall, aber möglichst nicht zu weit weg

Bereite dich auf dieses Ritual vor, indem du heute nur etwas Leichtes oder gar nichts isst. Wenn du möchtest, räuchere dich ab, ziehe eine Krafttierkarte, oder lade deine Begleiter aus der Geistigen Welt zu dir ein. Packe auch alle Dinge ein, die du benötigst, damit du an deinem persönlichen Kraftplatz einen Augenblick verweilen kannst.

Gehe dann in die Natur, und suche dir eine Schwelle, die den Beginn deines Rituals markiert. Bitte darum, dass du deinen Kraftplatz findest, der dich für dieses Jahr begleitet, und überlege, wie er aussehen soll. Vielleicht möchtest du einfach das Gefühl haben, dort allein sein oder frei atmen zu können. Vielleicht wünschst du dir eher einen Baum, an den du dich anlehnen kannst, oder Wasser, auf das du schaust. Frage dich, ob dieser Platz hell oder dunkel sein soll, ob viele Tiere anwesend sind oder eher wenige. Versuche, ihn dir vor deinem inneren Auge so genau wie möglich auszumalen, es sei denn, du möchtest dich überraschen lassen.

Schreite über die Schwelle, und versprich dir, auch wieder zurückzukehren. Der Weg zu deinem Kraftplatz ist dir noch unbekannt, sodass du einfach losgehen kannst. Vertraue deinem Bauchgefühl, dass du den richtigen Platz erkennen wirst.

Den eigenen Kraftplatz zu finden, ist etwas sehr Besonderes. Ein gutes Zeichen dafür, dass du ihn gefunden hast, ist, dass du dich ganz wohl- und geborgen fühlst. Diesen Ort möchte man in der Regel nicht so schnell verlassen. Wenn du ihn entdeckt hast, nähere dich langsam und bewusst. Achte darauf, welche Sinne besonders angesprochen werden, wenn du deinen Kraftplatz betrittst, oder welche Geräusche dich begleiten. Was fällt dir zuerst ins Auge? Wo möchtest du dich hinsetzen? Vielleicht ist es ein Ort, an dem du einfach nur stehen möchtest oder eine Hängematte aufhängen willst. Erkunde deinen Platz so, wie es sich für dich richtig anfühlt.

Suche dir einen festen Standort, um den du vielleicht einen Kreis ziehst oder den du mit einem Naturgegenstand markierst. Stelle dich an diesen Platz, und vergegenwärtige dir das Hier und Jetzt. Es gibt nichts für dich zu tun, außer da zu sein und zu atmen. Genieße es für einen Augenblick, dass du dir das Da-Sein gönnst, ohne in die Vergangenheit oder nach vorn zu schauen. Stelle dir vor, dass du mit jedem Atemzug noch ein bisschen mehr im Moment und an deinem Kraftplatz ankommst. Alle Gedanken kannst du mit den Wolken weiterziehen lassen und dir immer wieder das Wort »Da-Sein« auf der Zunge zergehen lassen. »Ich bin da, ich bleibe im Augenblick, ich spüre mich und die Natur um mich herum«, das könnten die Worte sein, die du dir selbst sagst. Es gibt nichts zu tun. Meditiere an

dieser besonderen Stelle in der Natur, und spüre dich in deinem Da-Sein. Natürlich kannst du jederzeit etwas aufschreiben, es muss aber nicht sein. Es geht nur um den Augenblick. Vielleicht möchtest du die Augen schließen, dich selbst umarmen und dich spüren. Höre in dich hinein, wann der richtige Augenblick gekommen ist, wieder nach Hause zurückzukehren. Bedanke dich bei deinem Kraftplatz auf deine Art und Weise, und tritt dann deinen Heimweg an.

Auf dem Rückweg kannst du noch einmal beobachten, was oder wer dich begleitet. Ist es der Wind, die Sonne, der Regen oder vielleicht der Schnee? Was auch immer es ist, genieße genau das, und nimm es so an, wie es ist. Beende deine Reise ins Hier und Jetzt, indem du wieder über die Schwelle steigst und dann nach Hause zurückkehrst.

Übung
zum gemeinsamen Erleben

Thema: der eigene Kraftplatz
Wirkung: sich gut auf das neue Jahr vorbereitet fühlen
Dauer: 60 Minuten
Material: ein Tagebuch, Stifte, eine Sitzunterlage,
               evtl. eine Hängematte, Kreide
Ort: überall, aber möglichst nicht zu weit weg

Zum Abschluss eures gemeinsamen Erlebens und Wachsens in der Natur möchte ich euch eine Art Abschlussritual schenken. Für dieses Ritual ist es gut, wenn ihr euch warm anzieht und eine Unterlage zum Sitzen mitnehmt.

Geht hinaus in die Natur, und lasst euch zunächst treiben und von einem Ort finden, an dem ihr Kraft und Energie tanken und euch entspannen könnt. Vielleicht möchtet ihr schweigend durch die Natur streifen und so lange weitergehen, bis ihr einen ganz zauberhaften Ort gefunden habt.
Sollte euch dies schwerfallen, könnt ihr auch im Vorfeld einen Weg festlegen. Ihr lauft z. B. den ersten Weg bis zu einer Gabelung, an der ihr rechts oder links abbiegt. Dies legt ihr vor dem Losgehen für mehrere Weggabelungen fest. Euer Ziel ist es, einen ganz besonderen Platz für euch zu finden, an dem ihr einfach nur da sein dürft. Lasst euch überraschen, wohin der Weg euch führt.

Ihr werdet spüren, wenn ihr am richtigen Ort angekommen seid. Schaut euch dort um, und stellt euch vor, dass alles aus der Natur zu euch sprechen kann. Übersetzt das, was ihr seht und hört, für den anderen. Vielleicht nehmt ihr Tiere wahr oder findet abgebrochene Zweige, vielleicht zeigt sich eine interessante Schneeskulptur oder ein wunderschöner Baum. Alles, was ihr seht, kann eine Botschaft für euch enthalten. Da jeder Mensch die Natur individuell wahrnimmt, ist es gut, dem anderen sein eigenes Erleben zu übersetzen und mitzuteilen.

Macht es euch an diesem schönen Ort gemütlich, und achtet darauf, wie ihr sitzen und wohin ihr schauen wollt. Atmet diesen Ort ein. Vielleicht ist es gut, für einen Moment in Ruhe alles um euch herum zu genießen. Es gibt nichts weiter zu tun.

Schaut einander im nächsten Schritt an, und betrachtet euch mit alldem, was gerade in euch ist. Nehmt euch dafür ausreichend Zeit, und findet ein Resümee für dieses Ritual bzw. für den gemeinsamen Weg in den Rauhnächten. Tauscht euch darüber aus, was euch wichtig erschien und was eure Essenz von dieser gemeinsamen Zeit ist. Bedankt euch beim anderen auf eure ganz eigene Weise, und zeigt auch der Natur eure Dankbarkeit. Manchmal ist es schön, etwas für die Tiere als Geschenk zu hinterlassen oder euren Platz von Abfällen zu befreien.

Wir sind nun am Ende der Rauhnächte angekommen, und ich hoffe, dass ihr immer wieder Momente finden konntet, die ihr für euer gemeinsames Erleben genutzt habt. Momente, in denen ihr die Präsenz und Verbundenheit zwischen euch spüren konntet, oder auch Momente, in denen ihr euch über Neues ausgetauscht habt. Viele Krisen und Konflikte im Miteinander entstehen zu einem großen Teil durch Missverständnisse. Ich wünsche euch in der Zukunft, dass ihr immer wieder Möglichkeiten findet, in einen Austausch zu kommen und Fehldeutungen vorzubeugen. Denkt dabei auch an eure drei Schatzkästchen.

Vielleicht habt ihr nicht alle Übungen geschafft, nehmt euch einfach in diesem neuen Jahr Zeit für Gemeinsamkeit, und macht die Übungen dann. Ihr könntet euch auch jeden Monat für eine Übung verabreden. So steht die erste Rauhnacht für den Januar, und vielleicht ist es schön für euch, direkt im Januar noch einmal die allererste gemeinsame Übung durchzuführen.

Gespräche in der Natur und in der Bewegung fallen vielen Menschen leichter, vielleicht ja auch euch. Solltet ihr einmal merken, dass ihr nicht weiterwisst, nutzt den Naturraum, um euch zunächst selbst zu zentrieren und dann mit dem anderen noch einmal neu in Kontakt zu kommen. Ich hoffe sehr, dass ihr heilige Momente erlebt habt, und freue mich über Rückmeldungen dazu.

Ein paar Worte zum Schluss

An dieser Stelle möchte ich mich von dir verabschieden. Ich hoffe, dass dieses Buch dir ein guter Begleiter durch die besondere Zeit der Rauhnächte war und vielleicht auch in der Zukunft sein wird. Ich wünsche dir ein ganz zauberhaftes Jahr in der Hoffnung, dass du alle Erfahrungen, die du in den Naturimpulsen und anderen Übungen gemacht hast, nicht nur gut in dein Leben und deinen Alltag integrieren kannst, sondern dass du ab und zu auch etwas wiederholst. Vielleicht konnten deine Erlebnisse in der Natur dich für diese besondere Art des Coachings öffnen. Ich lege es dir sehr ans Herz, die Natur – und alle belebten Elemente in ihr – bei allen deinen Fragen und Themen aufzusuchen, um Antworten zu finden, Kraft zu tanken oder zur Ruhe zu kommen.

Falls du weitere Inspirationen erhalten oder andere Übungen kennenlernen möchtest, schaue gern auf meiner Homepage **www.coachingraumnatur.com,** auf Instagram unter **@coachingraumnatur** und in meinen Kursen vorbei. Eine handliche Form für das Arbeiten draußen in der Natur bietet dir mein Kartenset mit 40 Übungen, und in meinem neuesten Buch »Wer ankommen will, muss losgehen« findest du einen Jahresguide, der dich ein ganzes Jahr lang jeden Monat zu einem anderen Thema bei deinem persönlichen Wachstum begleitet.

Mein Dank

Mein ganz besonderer Dank gebührt vor allem der Natur. Ohne sie wären wir nicht lebensfähig, und deshalb möchte ich dich motivieren, sie zu achten und zu schützen.

Ein weiterer Dank gilt meinen Verlegern Heidi und Markus Schirner. Ohne ihre Inspiration wäre dieses Buch nicht zustande gekommen. Meine Lektorin Katja hat dieses Buch mit ihren Ideen und textlichen Änderungen sehr bereichert und mitgestaltet. Diese Zusammenarbeit war wieder einmal einmalig, wunderbar leicht und unkompliziert. Tausend Dank, liebe Katja. Meinen Grafikerinnen Simone und Anna danke ich für das wunderbare Cover und die schöne Gestaltung des Buches.

Natürlich danke ich meinen Klienten, die sich immer wieder mit mir in der Natur auf all die Übungen einlassen.

Einen ganz speziellen Dank widme ich meiner Schwester Sabine, die mir mit vielen guten Ideen zur Seite stand. Meine Freundin Susann schenkte mir den Begriff »Sinneszauber«, den ich jeden Monat verwendet habe, und meiner Freundin Rita danke ich für die Inspiration zu den Übungen für das gemeinsame Erleben und Wachsen. Sie hat mir diese Idee ans Herz gelegt und mich bei einem ersten Brainstorming ganz wunderbar weitergebracht. Darüber hinaus danke ich allen Menschen, die mich unterstützt haben, in erster Linie meiner Mutter, die immer an mich glaubt, mir positive Rückmeldungen schenkt und mich in jeglicher Hinsicht stärkt. Ihr möchte ich dieses Buch widmen.

Ich danke auch dir, liebe Leserin, lieber Leser, dass du dich auf das Erleben der Rauhnächte in der Natur eingelassen hast, und ich wünsche dir in den kommenden Jahren ganz viel Freude mit diesem Buch.

Literaturempfehlungen

Arvay, Clemens G.: Der Biophilia-Effekt – Heilung aus dem Wald. Wien: edition a. 2015

Arvay, Clemens G.: Der Heilungscode der Natur. Die verborgenen Kräfte von Pflanzen und Tieren entdecken. München: Riemann Verlag. 2016.

Foth, Paul: Affirmationen, die dein Leben verändern. Leutenbach: Independently published (Paul Foth). 2020.

Fuchs, Christine: Räuchern in Winterzeit und Rauhnacht. Heilkräftige Mischungen und Rituale. Stuttgart: Kosmos Verlag. 2012.

Gans, Carsten / Dienemann, Katja / Hume, Anja / Lorino, André: Arbeitsraum Natur: Handbuch für Coaches, Therapeuten, Trainer und Organisationen. Heidelberg: Springer Verlag. 2020.

Knabe, Sebastian: Die zwölf Sinne des Menschen. Handbuch pädagogische Praxis – neue Auflage. Berlin: epubli. 2016.

Huppertz, Michael / Schatanek, Verena: Achtsamkeit in der Natur. 101 naturbezogene Achtsamkeitsübungen und theoretische Grundlagen. Paderborn: Jungfermann Verlag. 2021.

Peter, Kerstin: Coachingraum Natur. Draußen Entspannung, Kraft und Lebendigkeit finden. Darmstadt: Schirner Verlag. 2019.

Peter, Kerstin: Coachingraum Natur. Kraft tanken, sich neu ausrichten und Antworten finden. Übungskarten zum Selbstcoaching. Darmstadt: Schirner Verlag. 2020.

Peters, Volker: Kraftrituale in der Natur. Veränderungen meistern, Krisen bewältigen, Erfolge feiern. Darmstadt: Schirner Verlag. 2017.

Rosenberg, Marshall B.: Gewaltfreie Kommunikation. Eine Sprache des Lebens. Paderborn: Jungfermann Verlag. 2012.

Ruland, Jeanne: Das Geheimnis der Rauhnächte. Ein Wegweiser durch die zwölf heiligen Nächte. Darmstadt: Schirner Verlag. 2019.

Ruland, Jeanne: Mein Rauhnacht-Begleiter. Ein lichtvoller Begleiter durch die 12 heiligen Nächte. Darmstadt: Schirner Verlag. 2016.

Ruland, Jeanne: Mein Rauhnacht-Orakel. Visionskarten für die 12 Heiligen Nächte. Darmstadt: Schirner Verlag. 2018.

Ruland, Jeanne: Visionsbuch für die Rauhnächte. Wie wir unsere Jahresvision Wirklichkeit werden lassen. Darmstadt: Schirner Verlag. 2019.

Stallkamp, Anne / Hartung, Werner: Rauhnächte: Zeit für mich. Saarbrücken: Verlag Neue Erde. 2019.

Waldermann-Scherhak, Sandra: Rauhnacht-Rituale für Frauen. Eine spirituelle Bewusstseinsreise durch die zwölf Nächte. Darmstadt: Schirner Verlag. 2017.

Über die Autorin

Kerstin Peter lebt in Mainz und bildet Sozialassistenten und Erzieher in den Bereichen »Bewegung«, »Erlebnispädagogik« und »Entspannung« aus. 2004 absolvierte sie ihren Heilpraktiker für Psychotherapie und leitet seitdem Seminare zur Selbsterfahrung bzw. zum Selbsterleben. Durch die Ausbildungen zur Naturcoachin, Körperpsychotherapeutin, Entspannungstrainerin, Wildnispädagogin und CoreDynamik-Therapeutin hat sie ihren Methodenkoffer erweitert und führt auch Fortbildungen im Bereich »Naturcoaching« durch.
Kerstin Peter ist es ein wichtiges Anliegen, dass Menschen in der Natur einen neuen Zugang zu ihrer inneren Wahrheit freilegen und dieser folgen.

www.coachingraumnatur.com
Instagram: @coachingraumnatur

Bildnachweis